AUDIT QUALITY

監査の現場からの声

監査品質を高めるために

監査の品質に関する研究会 編

同文舘出版

は し が き

　2015年に発覚した大手電機メーカーの巨額粉飾決算事件は，それを看過してしまった監査人に対する責任追及にとどまらず，2011年の光学機器メーカーの事件以来，再びわが国の監査に対して内外から不信の眼が向けられることとなった。

　金融庁では，「会計監査の在り方に関する懇談会」を設置して，審議検討のうえ，2016年3月に「提言─会計監査の信頼性確保のために─」を公表し，わが国の監査規制について短期および長期の施策を示した。その後，「監査法人の組織的な運営に関する原則」（監査法人のガバナンス・コード）（2017年3月），「監査法人のローテーションに関する調査報告書（第一次報告）」（2017年7月），監査報告書の拡充に関する改訂監査基準（2018年7月予定）と「提言」に沿った改革を進めてきている。また，日本公認会計士協会においても，同提言を受けて，各種の取組みを行い，自主規制を通じて監査品質の向上を図っている。

　このように，大規模な粉飾決算事件が起こると，監査基準が改訂されたり，新たな監査規制が追加されたりすることはよく見られる光景である。たしかに，事件の詳細を明らかにしてその原因を検討し，再び同様の事態が生じないような取組みを図ることは重要なことであろう。

　しかしながら，監査の失敗を引き起こしてしまった監査人は，数多くの監査人のうちのごく一部であることもたしかである。何ら非難される覚えのない公正妥当な監査実務を行ってきているそれ以外の監査人にとっては，ひと括りにされて不信の眼に晒されることは迷惑この上ないはずである。さらにいえば，そうした当事者以外の監査人に対しても新たな基準や規則は課されるのであり，結果として，新たな規制への対応によって監査の現場が疲弊し弱体化してしまっては本末転倒ではなかろうか。

i

近時の監査規制は，わが国に限らずグローバルにみても，監査品質がキーワードである。監査の専門性の高さや守秘義務の壁もあって，なかなか外部からは捕捉することができない監査品質を高め，維持することを目途として，さまざまな改革が行われてきている。たしかに巨額の粉飾決算事件は起きたが，本当にわが国の監査品質は低いのだろうか。監査の現場にいる個々の会計士たちは，現在の状況に不満を抱いたり，疲弊したりしてはいないだろうか。

　こうした疑問に答えるべく，本書では，まず，序章において，上記の粉飾決算事件以後に展開されてきた監査規制の概観を提示した後に，第Ⅰ部および第Ⅱ部からなる2つの側面からアプローチしている。

　第Ⅰ部では，6名の監査実務家に対して，

「なぜ粉飾決算を見つけられないのか」，

「監査の『品質』とは何か」，

「日本の監査品質は低いのか」，

「監査品質を高めるには，監査人側では，何が必要か」，

「監査品質を高めるには，被監査企業側では，何が必要か」，および

「監査品質が高まることで企業にどんな影響があるのか」

という極めて直截な，ある意味では不躾な6つの質問を提示して，それぞれの質問に対する回答として論稿を執筆していただいた。

　この第Ⅰ部の各実務家の原稿の内容は，日本監査研究学会課題別研究部会「監査の品質に関する研究」部会（部会長・町田祥弘）の中間報告（2017年9月）の一部をもとにしている。

　さらに本書の刊行に際して，それぞれの論稿には，単に実務の視点だけに偏ることがないように，各論稿に対する「ディスカッション」として，制度や理論の観点から，監査学者3名によるコメントを付している。実務家の観点からの論稿と，学者による同一テーマにかかる制度や理論についての言及をあわせて提示することで，各テーマをより深く捉えることができるのではないかと考えている。

続く第Ⅱ部では，6つの監査法人に対して「監査法人のガバナンス」を
テーマに2017年8月に実施したインタビュー調査の内容を所収している。
当該インタビューは，週刊『経営財務』2017年8月28日号（3323号）～
2017年9月11日号（3325号）に掲載されたものを，編集部のご厚意により
転載させていただいたものである。

　インタビュー当時から9か月経過しただけであるが，すでに各監査法人
の監査品質への取組みは更に進んでいる。そこで本書の刊行に際しては，
各インタビューの後に「その後の変化・進捗について」として，各監査法
人からの補足原稿を入れていただいている。

　監査規制や監査品質の問題については，学者はもとより，規制当局や，
監査役等をはじめとした企業の人々など，監査人を取り巻く側の見解は数
多く見ることができるが，監査の実務に携わる方々の声を聴くことはほと
んどないように思われる。監査実務の最前線で働く当の公認会計士や監査
法人は，監査品質に関して，あるいは現下の監査規制の状況に関して，い
かなる認識を抱いているのだろうか。本書が問いたいテーマは，この点に
尽きるともいえる。

　本書に目を通していただければ，監査の現場において，それぞれの公認
会計士個人や各監査法人が，極めて真摯に監査品質の問題に取り組んでい
る様子が見て取れるのではなかろうか。監査の失敗——すなわち，監査人
の法的責任の有無にかかわらず，財務諸表の重要な虚偽の表示を看過して
利用者に供してしまう事態——を経験したか否かにかかわらず，今般の監
査品質にかかる規制等を自らの監査法人における監査品質や組織体制・品
質管理体制を見直す好機ととらえて，より積極的に改革に着手している様
子が垣間見られるものと思われる。

本書は，いわゆる監査の研究書ではなく，監査品質に取り組むわが国の会計プロフェッションの真の姿を，監査業務を独占的に会計プロフェッションに対して委任している社会の人々に対して伝えるための書籍であると考えている。そして同時に，これからの時代の監査品質を支えていく会計プロフェッションの一人ひとりに送るエールとなれば何よりである。

　最後に，本書の出版にあたっては，同文舘出版株式会社 代表取締役 中島治久氏に手厚いご支援をいただきました。また，編集作業に際しては，同社編集部の青柳裕之氏と有村知記氏に多大なご尽力をいただきました。ここに記して心より感謝申し上げます。

　2018年5月

　　　　　監査の現場において，会計プロフェッションが
　　　　　その専門的能力を十全に発揮しうることを期待して

　　　　　　　　　　　　　　　　監査の品質に関する研究会
　　　　　　　　　　　　　　　　代表　町田 祥弘

本書における各論稿は，各執筆者の個人の責任により，執筆および掲載しているものであり，各論稿中の個人の判断や見解に該当する部分は，各執筆者が所属する機関等とは一切関連ありません。

監査の現場からの声
――監査品質を高めるために――

もくじ

序章 監査品質に関する規制の展開と本書の目的

1. 問題の背景 ……………………………………………………………………… 2

2. 監査の現場から見た監査品質の課題 ……………………………………… 6

第I部 監査の現場から見た監査品質の課題

第1章 会計監査における不正な財務報告を看過する要因

1. 本章の論旨 …………………………………………………………………… 14

2. 会計監査における不正な財務報告への対応 …………………………… 14

　（1）監査基準における規定　14

　（2）不正リスク対応基準　15

　（3）監査法人のガバナンス・コード　15

　（4）監査基準委員会報告書　16

3. 金融庁の処分事案における不正な財務報告が看過された要因 ……… 17

　（1）検討の対象とした処分事案の概要　17

　（2）個別の監査業務の処分事案の概要における

　　　不正な財務報告が看過された要因の分析　19

　　① SECの処分事案との比較　21

　　② 日本公認会計士協会による品質管理レビューにおける限定事項との比較　22

　（3）監査法人に対する処分事案の概要における

v

　　　　　不正な財務報告を看過した要因　　23

4. 公認会計士が考える不正な財務報告を看過する要因 ············· 24

　　（1）実態調査報告書の概要　　24

　　（2）公認会計士が考える不正な財務報告を看過する要因　　25

5. 将来への展望 ··· 27

第1章のテーマに関するディスカッション ····························· 29

　　（1）金融庁の処分事案における不正な財務報告が看過された要因　　29

　　（2）公認会計士が考える不正な財務報告を発見できない要因　　31

　　（3）監査の失敗の原因とは　　31

第2章 **利害関係者に対する監査人の姿勢の
観点から見た監査品質**

1. 課題の認識と本章の目的 ··· 34

2. 現状のルール等における説明 ······································ 34

　　（1）基準から読み取れる監査品質　　34

　　（2）日本公認会計士協会の研究報告　　35

　　（3）現状のルール等の視点　　37

3. 監査以外の事業における品質尺度や品質管理基準と監査の対比 ······· 38

　　（1）数値による品質尺度　　38

　　　①自動車の場合　　38

　　　②数値情報による品質表示の監査業務へのあてはめ　　39

　　（2）品質管理基準　　40

　　　①ISO　　40

　　　②ISOと監査に関する品質管理基準の関係　　42

もくじ

4. 財務諸表作成者から見た監査品質 ································ 43

（1）アンケート結果から導き出される
財務諸表作成者が考える「監査の品質」　43

（2）監査サービスに必須の説明力　45

5. 利害関係者に対する監査人の姿勢の観点から見た監査品質 ·········· 46

（1）利害関係者の期待と監査人の説明　46

（2）監査品質を高める「性能」と「伝える力」　48

第2章のテーマに関するディスカッション ································ 50

（1）本章の論旨　50

（2）検討すべき課題　51

**第3章　海外との比較におけるわが国の
監査品質の向上に向けた課題**

1. 監査の国際化とわが国の監査品質に与える影響 ··············· 56

2. わが国におけるこれまでの監査品質向上のための取組み ········· 56

（1）会計基準と監査基準のコンバージェンス　56

①レジェンド問題　56

②会計基準のコンバージェンス　57

③監査基準のコンバージェンス　58

（2）監査に対する規制の強化　60

①公認会計士法　60

②会社法　61

3. わが国の会計監査の実務上の課題 ························· 61

（1）被監査会社における内部監査部門の充実　62

（2）監査人と監査役等との連携強化　63

vii

①監査役等の独立性，専門性，多様性の確保　65

②監査役等による監査人の評価および監査人への期待の明確化　66

（3）適正な財務報告スケジュールの設定　67

4. 結論 68

第3章のテーマに関するディスカッション 71

（1）本章の論旨　71

（2）検討すべき課題　72

第4章　監査人視点による監査の現場からの実効性向上施策

1. 公認会計士監査の信頼回復に向けた取組み 76

2. 十分な監査期間の確保 76

3. 監査時間，ならびに監査リソースの確保 79

4. 深度ある監査の実践 82

5. 職業的専門家としての使命の具現化 84

6. 監査の実効性向上のため，監査人がなすべきこと 86

第4章のテーマに関するディスカッション 89

（1）制度的制約条件と監査人の対応策　89

（2）実務的制約条件と監査人の対応策　90

第5章　被監査会社における監査品質の向上のための体制整備

1. 被監査会社において監査品質の向上のための体制を検討する意義 94

2. 内部監査の強化 95

もくじ

（1）リスクベースによる内部監査の実施　96

（2）在外子会社に対する内部監査の強化　97

3. 監査人に対する情報提供体制の強化 ⋯⋯⋯⋯⋯⋯⋯⋯⋯⋯⋯ 98

（1）リスク評価のための積極的な情報提供　99

（2）被監査会社のアサーションの文書化　100

4. 会計上の見積りに関する内部統制の整備 ⋯⋯⋯⋯⋯⋯⋯⋯⋯ 101

（1）事業計画の立案に関する内部統制の整備　102

（2）事業計画の実行状況を把握するための内部統制の整備　104

5. 監査対応の強化の課題と解決の方向性 ⋯⋯⋯⋯⋯⋯⋯⋯⋯⋯ 106

第5章のテーマに関するディスカッション ⋯⋯⋯⋯⋯⋯⋯⋯⋯⋯ 109

（1）外部監査の品質向上に対する内部監査の貢献可能性　109

（2）内部監査からの貢献のあり方　111

第6章　高品質の監査と良い循環のある資本市場

1. 高品質の監査が及ぼす影響 ⋯⋯⋯⋯⋯⋯⋯⋯⋯⋯⋯⋯⋯⋯⋯⋯ 114

2. ディスクロージャーによる規律の効果と必要な条件 ⋯⋯⋯⋯ 115

3. 「良い循環」のある資本市場に向けて ⋯⋯⋯⋯⋯⋯⋯⋯⋯⋯⋯ 120

第6章のテーマに関するディスカッション ⋯⋯⋯⋯⋯⋯⋯⋯⋯⋯ 126

（1）議論の舞台　126

（2）財務諸表監査の経済的機能　126

（3）ディスクロージャーによる規律と対話　127

（4）自発的開示　127

（5）高度な専門業務の説明の困難さ　128

第Ⅱ部 「監査法人のガバナンス・コード」への対応を聴く

第7章 有限責任 あずさ監査法人
1. コード公表後の取組み　134
2. 透明性報告書の作成プロセス等　136
3. コード公表後の現場の変化　137
4. 監査規制の強化と現場の変化　138
5. 監査品質への取組みの特徴や強み　138
   その後の変化・進捗について　141

第8章 PwCあらた有限責任監査法人
1. コード公表後の取組み　146
2. 透明性報告書の作成プロセス等　147
3. コード公表後の現場の変化　148
4. 監査規制の強化と現場の変化　149
5. 監査品質への取組みの特徴や強み　150
   その後の変化・進捗について　152

第9章 新日本有限責任監査法人
1. コード公表後の取組み　158
2. 透明性報告書の作成プロセス等　160

もくじ

3．コード公表後の現場の変化　160

4．監査規制の強化と現場の変化　161

5．監査品質への取組みの特徴や強み　162

その後の変化・進捗について　164

第10章　有限責任監査法人トーマツ

1．コード公表後の取組み　170

2．透明性報告書の作成プロセス等　171

3．コード公表後の現場の変化　172

4．監査規制の強化と現場の変化　173

5．監査品質への取組みの特徴や強み　174

その後の変化・進捗について　176

第11章　太陽有限責任監査法人

1．コード公表後の取組み　182

2．透明性報告書の作成プロセス等　184

3．コード公表後の現場の変化　184

4．監査規制の強化と現場の変化　186

5．監査品質への取組みの特徴や強み　186

その後の変化・進捗について　189

第12章　新創監査法人

1．コードを採用しない理由　194

2．監査品質に関する取組み　195

3．コードで監査の現場は変わるか　196

xi

4．監査規制の強化と現場の変化　197

5．監査品質への取組みの特徴や強み　198

その後の変化・進捗について　200

終 章　監査の現場からの声に応えて

索　引　207

監査の現場からの声

──監査品質を高めるために──

序章

監査品質に関する規制の展開と本書の目的

1. 問題の背景

　わが国を代表するリーディング・カンパニーであった電機メーカーにおける粉飾決算事件の発覚と，その後の監査人に対する行政処分等を受けて，「監査品質」が改めて問い直されている。

　監査論研究の領域では，以前から，「監査品質」は外から見ることができないものであり，企業が破綻するなど何らかの事由で粉飾決算が露呈したときに初めて，「監査品質は低かった」ということが明らかになるに過ぎない，と言われている。それは被監査企業の監査受入部署であっても同様であり，ときに監査人自身においても自らの監査品質を十分に把握できていないかもしれない。

　しかしながら，監査品質それ自体を捕捉できなくとも，監査品質に影響を与える要因は想定しうるし，監査品質の代理変数となる各種の指標（たとえば，監査時間や，そのまた代理である監査報酬，監査法人の規模，監査訴訟の件数，監査人の経験年数や専門性等）も識別されている。前者については，監査法人における品質管理のフレームワークにおいて，監査業務へのインプット，監査プロセス，および監査業務からのアウトプットの3つの側面から捉えて，影響要因を識別しようと試みられているし，後者については，アメリカにおいて，監査品質の指標（Audit Quality Indicator: AQI）を監査事務所ごと，および監査業務ごとに開示させようという提案がなされている（AQIについては，たとえば，町田（2017）を参照されたい）。

　このように，監査品質を何とかして間接的にでも把握して，監査品質の向上に繋げたり，あるいは，監査品質に基づいて監査人を選任したりしたいという企図は，わが国だけでなくグローバルにも，今まさに取り組まれている問題なのである。

　そのような中で，わが国では金融庁において，先の粉飾決算事件を受け

て，2015年10月に「会計監査の在り方に関する懇談会」が設置され，2016年3月に「提言―会計監査の信頼性確保のために―」（「提言」）（金融庁，2016）を公表し，次頁の図表のような一連の施策を公表している。

このうち，金融庁において，喫緊の取組みとして位置付けられたのが，①監査法人のガバナンス・コードの策定，②監査法人の強制的ローテーション制の導入の検討，③監査報告書の透明化の3点であった。これらのうち，本書の内容に主として関係するのは，①の監査法人のガバナンス・コードである。

監査事務所のガバナンス・コードは，すでに英国やオランダでは導入済みの取組みである。たとえば，英国の場合，2010年に，規制当局（Financial Reporting Council: FRC）と会計士協会が協働で，20の原則と31の細則からなるガバナンス・コードを策定・公表し，2016年には，制度の実施状況を踏まえた改訂を行っている。そこでは，監査事務所がガバナンス・コードの遵守を表明し，透明性報告書の中で遵守状況を報告し，規制当局がその遵守状況を監督するという枠組みが確立されている。

ここで「透明性報告書」とは，監査事務所の状況を開示する文書として英国で開始されたもので，今では，国際的に「透明性報告書」の名称が監査事務所のガバナンスや品質等に関する報告書の共通名称として用いられるようになってきている。とくに，2015年11月に，証券監督者国際機構（International Organization of Securities Commissions: IOSCO）から「公開企業の監査を行う監査事務所の透明性に関するIOSCO報告書」が公表されており，以下のような項目を備えることが勧告されている。

- 監査事務所のガバナンス構造
- 監査品質向上への取組み（職業的懐疑心の養成，経営者の姿勢，人事の方針等）
- 監査事務所内部の監査品質の指標（事務所内のモニタリングの結果や，非監査業務報酬の割合，監査経験年数等）
- 外部機関による監査品質の指標（検査の指摘事項等）

図表序-1　会計監査の在り方に関する懇談会による「提言」の概要

【目的】	【施策】	【施策の説明】
監査法人のマネジメントの強化	監査法人のガバナンス・コード	監査法人の組織的な運営のためのプリンシブルの確立（職業的懐疑心の発揮を確保するためのリーダーシップの発揮，運営・監督態勢，人材啓発，人事配置・評価等）
		ガバナンス・コードの遵守状況についての開示
	大手上場会社等の監査を担える監査法人を増やす環境整備	ガバナンス・コードの適用による，大手・準大手監査法人の監査品質の向上
		当局と大手・準大手監査法人との定期的な対話（協議会の設置）
会計監査に関する情報の株主等への提供の充実	企業による会計監査に関する開示の充実	有価証券報告書等における，会計監査に関する開示内容の充実
	会計監査の内容等に関する情報提供の充実	監査法人による情報提供の充実（監査法人のガバナンス体制や運営状況に係る情報提供等）
		監査報告書の透明化（監査に際し着眼した重要な虚偽記載リスクの説明）
		監査品質を測定する指標（AQI）の策定
		監査人の交替理由等に関する開示の充実
		審査会のモニタリング活動に係る情報提供の充実（「モニタリングレポート」の作成・公表等）
企業不正を見抜く力の向上	会計士個人の力量の向上と組織としての職業的懐疑心の発揮	不正対応に係る教育研修の充実，関連する資格取得や企業への出向等の慫慂，監査チーム内のやり取りを通じたOJTの充実
	不正リスクに着眼した監査の実施	監査基準，不正リスク対応基準，品質管理基準等の実施の徹底
「第三者の眼」による会計監査の品質のチェック	監査法人の独立性の確保	監査法人のローテーション制度についての調査の実施
	当局の検査・監督態勢の強化	審査会の検査の適時性・実効性の向上
		審査会の検査と協会の品質管理レビューとの適切な役割分担の検討
		監査法人に対する監督の枠組みの検証
	協会の自主規制機能の強化	品質管理レビュー等の見直し
		自主規制機能の強化
		教育研修の在り方の見直し
高品質な会計監査を実施するための環境の整備	企業の会計監査に関するガバナンスの強化	（コーポレートガバナンス・コードに基づく）各企業における監査人の選定・評価のための基準の策定
		各企業における適正な監査の確保への取組み（監査役会・監査委員会等の独立性・実効性確保と会計監査人との連携の強化，適切な監査時間の確保，監査報酬の決定の在り方等）
	実効的な内部統制の確保	内部統制報告制度の運用と実効性の検証
	監査におけるITの活用	協会において検討を継続
	その他	試験制度・実務補習等の在り方の検討

監査品質に関する規制の展開と本書の目的　序　章

　わが国では，前掲の「提言」を受けて，金融庁において「監査法人のガバナンス・コードに関する有識者検討会」が設置され，2017年3月31日に，「監査法人の組織的な運営に関する原則」（監査法人のガバナンス・コード）が公表された。

　同コードは，5原則17指針からなり，次のような規定を有しているとされている（金融庁，2016）。

「・　監査法人がその公益的な役割を果たすため，トップがリーダーシップを発揮すること，

　・　監査法人が，会計監査に対する社会の期待に応え，実効的な組織運営を行うため，経営陣の役割を明確化すること，

　・　監査法人が，監督・評価機能を強化し，そこにおいて外部の第三者の知見を十分に活用すること，

　・　監査法人の業務運営において，法人内外との積極的な意見交換や議論を行うとともに，構成員の職業的専門家としての能力が適切に発揮されるような人材育成や人事管理・評価を行うこと，

　・　さらに，これらの取組みについて，分かりやすい外部への説明と積極的な意見交換を行うこと」

　また，同コードは，以下のような特徴を有している。

- 大規模監査法人を想定したものであること（ただし，その他の法人の適用を妨げない）
- 英国のコードと異なり，外部役員等の数値基準を含まないこと
- 経営層による監査の現場への「主体的関与」を求めていること
- 株主との対話を求めていること
- いわゆる「透明性報告書」などの報告書における記載内容を実質的に規定していること

　以上のような監査法人のガバナンス・コードは，従来，わが国においても，粉飾決算事件が発覚するたびに，監査基準の改訂や公認会計士法等の監査規制の強化が図られてきたものの，不正事例は跡を絶たず，繰り返し

5

監査の信頼性が問われていることについて，監査法人のマネジメントを強化し，規制や基準等の適用を現場に定着させるための態勢を整備させること，および，独立の第三者を含む「監督・評価機関」の設置により，そうした態勢整備を適切にチェックする枠組みを確立することを目的としている。

監査法人のガバナンス・コードは，2018年4月18日現在，15法人が採用することを表明している。

また，日本公認会計士協会では，コードの公表と同時に，会長声明（日本公認会計士協会，2017）を公表するとともに，コードを適用するしないにかかわらず，上場企業の監査を担当している監査法人に対して，日本公認会計士協会のウェブサイト上で，「監査法人における実効的な組織運営に関する取組の一覧」の欄を設け，掲載を希望する監査法人における実効的な組織運営に関する取組みについて紹介している。

2. 監査の現場から見た監査品質の課題

本書では，大きく2つの側面から，監査現場からみた監査品質についてアプローチしている。

1つは，第Ⅰ部で取り上げる監査実務家による監査品質に関する認識である。

監査品質については，われわれ学者はもとより，規制当局や，監査役等をはじめとした企業側など，監査人を取り巻く側の見解は数多く見ることができるが，監査人の方々の声を聴くことはほとんどないように思われる。監査実務の最前線で働く当の監査人の方々は，監査品質に関して，あるいは現下の状況に関して，いかなる認識を抱いているのだろうか。

そこで，本書では，監査人の方々に，以下のように極めて直截なかたちで投げかけ，それに回答していただくこととした。

1）なぜ粉飾決算を見つけられないのですか？　⇒第1章

2）監査の「品質」とは何ですか？　⇒第2章

3）日本の監査品質は低いのですか？　⇒第3章

4）監査品質を高めるには，監査人側では，何が必要ですか？
　　⇒第4章

5）監査品質を高めるには，被監査企業側では，何が必要ですか？
　　⇒第5章

6）監査品質が高まることで企業にどんな影響がありますか？
　　⇒第6章

　質問の趣旨は，前述の会計不正を踏まえて監査が不正に対抗できるのか，ということから始めて，監査人が監査品質をどう捉えているのか，現在のわが国の監査品質は本当に低いのか，さらには，監査品質を向上するには，監査人側，被監査企業側で，それぞれどのようにしたらいいのか，その結果，いかなる影響がもたらされるのか，を尋ねたいというものである。

　中には，答えにくい質問もあることは承知しており，執筆者の先生方には，ご無理を申し上げているが，それにとどまらず，さらに，「一般のビジネスパースンが理解できるように説明してほしい」というリクエストも行っている。監査業務が公共の利益（public interest）に資するために行われるのであれば，監査人は，現在のように，監査に対して批判的な眼が向けられている中にあって，社会の人々に対して説明する「ことば」を持たなければならないと考えたからである。

　さらに，各論稿の後には，筆者を含む学者からのコメントを付している。単に実務家の意見に留めることなく，制度や理論，あるいは研究の側面から，それぞれの実務家の主張がどのように位置づけられるのかについて，「ディスカッション」として述べている。各実務家の方々からの声とともに，かかるコメントによる「議論」を通じて，1つのテーマについて複眼的な視点での検討が図られるのではないか，と期待してのことである。

　さらに，第2のアプローチは，第Ⅱ部に収録している各監査法人における監査法人のガバナンス・コードに関するインタビューである。

先に述べたように，監査法人のガバナンス・コードは，監査法人の組織的な運営のためのプリンシプルを確立し，当該コードの適用とその遵守状況についての開示を行わせることで，監査法人の監査品質の向上を図ることを目途としたものである。

　コードにおいては，職業的懐疑心の発揮を確保するためのリーダーシップの発揮，運営・監督態勢の確立や，人材啓発，人事配置・評価等の多岐にわたる目的が掲げられているが，各法人においては，このコードの内容をどのように適用しているのだろうか。インタビューを行った趣旨の1つはその点を明らかにすることにある。

　コードへの遵守というと，どの監査法人も横並びに，チェックボックス的にコードの遵守を図っているだけのようにも受け止められがちである。しかしながら，当然に，各法人には歴史的経緯や，組織および人材，あるいは文化的な相違といったものもあることから，その取組みは多様なものがある。本インタビューではその一端を垣間見ることができる。

　また，インタビューのもう1つの趣旨としては，コードや東芝事件以来の監査規制の強化の動向が，単に監査法人の品質管理の局面ではなく，監査の現場においてどのような影響を及ぼしているのかを尋ねることにあった。そのため，本インタビューでは，原則として，監査法人の品質管理の責任者の方1名と，監査の現場に携わっておられる監査実施の責任者の方1名にインタビューに応じていただいている。いかに品質管理が充実しても，監査の現場が規制への対応に疲弊してしまっては意味がない。この点において，現場の生の声を聴く機会を得たいと考えたのである。

　あわせて，各監査法人における監査品質に対する取組みに関して，特徴的な点やそれぞれの法人における「強み」といった点をうかがっている。監査法人は業容の差こそあれ，どこも似たり寄ったりだという声もあるが，実際にはそんなことはない。各法人において力を入れている点，自社の誇れる点を主張していただいた。

　監査法人は，監査業務においては守秘義務契約もあって，多くの場合，

自らのことを語る機会がない。社会問題化するような大規模な粉飾決算事件が明らかになるたびに，監査法人は，あたかもまともな監査をやっていないのではないかといった謬見を向けられることがあるように思われるが，それぞれの監査法人ではいかに監査品質に真摯に，また必死に取り組んでいるのかということに驚かされるであろう。是非，読者の方々に，それを知っていただきたいと考えたのである。

　また，インタビューの対象としては，大手4法人，中堅1法人およびコードを採用しないと表明している中小1法人の計6つの監査法人を取り上げている。

　なお，かかるインタビューは，週刊『経営財務』誌上において，2017年8月28日号（3323号）～2017年9月18日号（3326号）に掲載されたものを，編集部のご厚意により転載させていただいたものである。

　当時からは，9か月経過しただけであるが，すでに各監査法人の監査品質への取組みは先に進んでいる。そこで，各インタビューの後に，「その後の変化・進捗について」として，各監査法人の方の手による補足のコメントを入れていただいている。

〈参考文献〉

Financial Reporting Council［FRC］（2010）The Audit Firm Governance Code, June.

―― （2016）*Feedback Statement: Review of the UK Audit Firm Governance Code,* July.

International Organization of Securities Commissions［IOSCO］（2015）*Transparency of Firms That Audit: Final Report,* November.

金融庁（2016）会計監査の在り方に関する懇談会「提言―会計監査の信頼性確保のために―」3月8日。

―― （2017a）監査法人のガバナンス・コードに関する有識者検討会「『監査法人の組織的な運営に関する原則』（監査法人のガバナンス・コード）の確定について」3月31日。

―― （2017b）「『監査法人の組織的な運営に関する原則』（監査法人のガバナンス・

コード）を採用した監査法人のリスト」（4月18日現在）。

日本公認会計士協会（2017）「会長声明 『監査法人の組織的な運営に関する原則（監査法人のガバナンス・コード)』の公表を受けて」3月31日。

林隆敏（2016）「イギリスにおける監査事務所のガバナンス・コード」『月刊監査役』660号。

町田祥弘（2016）「監査法人のガバナンス・コードのあり方」『青山アカウンティング・レビュー』6巻。

町田祥弘編著（2017）『監査品質の指標（AQI）』同文舘出版。

町田祥弘（2018）『監査の品質―わが国の現状と新たな規制―』中央経済社。

第 I 部

監査の現場から見た
監査品質の課題

第 1 章

会計監査における不正な財務報告を看過する要因

「なぜ粉飾決算を見つけられないのですか?」

〈執筆者〉

永山 晴子（有限責任監査法人 トーマツ・パートナー）

〈ディスカッション〉

林 隆敏（関西学院大学・教授）

第Ⅰ部　監査の現場から見た監査品質の課題

1. 本章の論旨

　わが国の「監査における不正リスク対応基準」[1]（不正リスク対応基準）は，設定当時のオリンパスをはじめとする不正な財務報告の事案において，会計監査が有効に機能しておらず，より実効的な監査手続を求める指摘に応じて設定された。このように，不正な財務報告事案に対応した監査基準等の監査の指針の改訂は，わが国に限らず，過去から行われているものの，不正な財務報告は絶えることがない。

　本章では，まず，会計監査における不正な財務報告への対応について，どのような規範が規定されているかを確認する。次に，過去の金融庁の処分事案に基づき，規制当局の視点での会計監査における不正な財務報告を看過した要因について検討する。続いて，日本公認会計士協会が行った「不正な財務報告及び監査の過程における被監査会社との意見の相違に関する実態調査報告書」に基づき，会計監査を担う公認会計士の視点での会計監査における不正な財務報告を看過する要因について検討する。最後に，これらの検討に対する所感および展望を述べたい。

2. 会計監査における不正な財務報告への対応

（1）監査基準における規定

　わが国の監査基準[2]においては，会計監査の目的は，「経営者の作成した財務諸表が，一般に公正妥当と認められる企業会計の基準に準拠して，企業の財政状態，経営成績及びキャッシュ・フローの状況をすべての重要な点において適正に表示しているかどうかについて，監査人が自ら入手した

---

1. 企業会計審議会，2013年 3 月26日。

2. 企業会計審議会，最終改正2014年 2 月18日。

14

監査証拠に基づいて判断した結果を意見として表明する」（監査基準第一
1）としており，不正な財務報告の発見を直接的な目的とはしていない。
しかし，不正により財務諸表に重要な虚偽表示がもたらされると，結果と
して，会計監査において財務諸表は適正であるという意見表明が行えない
ため，不正により「財務諸表に重要な虚偽の表示がもたらされる可能性に
関して評価を行い，その結果を監査計画に反映し，これに基づき監査を実
施しなければならない」（監査基準第三実施基準一基本原則5）とされて
いる。

（2）不正リスク対応基準

　近年では，前節で述べたように，当時の不正な財務報告の事案への対応
として，上場企業等に対する監査における不正リスク，すなわち，会計監
査における不正による重要な虚偽表示のリスク，に対応するために特に会
計監査人が行うべき監査手続等を規定した不正リスク対応基準が，わが国
における監査基準，監査に関する品質管理基準からは独立した基準として，
2013年に設定されている。不正リスク対応基準の特徴は，職業的懐疑心の
保持について強調されている点，また，個々の監査業務における不正リス
クに対応した監査の実施のみならず，不正リスクに対応した監査事務所の
品質管理について定められている点である。

（3）監査法人のガバナンス・コード

　金融庁は，新規株式公開をめぐる会計上の問題や会計不正事案などを契
機として，「会計監査の在り方に関する懇談会」を2015年10月に設置し，
会計監査の信頼性を確保するために必要な取組みについて，議論が行われ
た。当該議論を取りまとめた「提言―会計監査の信頼性確保のために―」
（「提言」）が2016年3月に公表されているが，大手監査法人が会計監査人
を務めていた不正会計事案においては，「監査の現場やそれを支える監査
法人組織において職業的懐疑心が十分に発揮されていなかった」「当局の

第Ⅰ部　監査の現場から見た監査品質の課題

指摘事項を踏まえた改善策が組織全体に徹底されていなかった」「監査品質の確保に重点を置いた人事配置・評価が行われていなかった」などの問題点の原因として，大手監査法人の監査の品質管理体制が形式的には整備されていたものの，組織として監査品質を確保するためのより高い視点からのマネジメントが有効に機能していないことを挙げ（金融庁，2016），監査品質の確保のために，監査法人のマネジメント強化のために，監査法人のガバナンス・コードの策定が提言された。これを受けて，2017年3月に「監査法人の組織的な運営に関する原則（監査法人のガバナンス・コード）」が策定され，従来の監査基準の枠を超えた，より高い次元の視点から，組織としての監査品質の確保（これには，当然に重要な不正は看過しないということも含むと考えられる）に向けた5つの原則と，それを適切に履行するための指針が示されている。

（4）監査基準委員会報告書

　わが国においては，監査基準では原則的な規定を定め，監査基準を具体化した実務的・詳細な規定は日本公認会計士協会の指針に委ねられている。日本公認会計士協会の指針は，国際監査基準を参考とした一連の監査基準委員会報告書を中核としている。監査基準委員会報告書の中では，監査基準委員会報告書240「会計監査における不正」において，財務諸表の監査における不正に関する実務上の指針が提供されている。同報告書は，他の監査基準委員会報告書における重要な虚偽表示リスクの識別と評価，また，評価したリスクに対応する監査人の手続を，特に不正による重要な虚偽表示リスクに関してどのように適用すべきかについて記載している。また，わが国固有の対応として，不正リスク対応基準に準拠して監査を実施する際に遵守が求められる要求事項と関連する適用指針も提供している。

　以上のとおり，わが国において，会計監査における不正な財務報告への対応としては，監査基準，不正リスク対応基準，監査基準委員会報告等で規

定されており，その内容は職業的懐疑心といった高次元での対応について
の規定から，監査基準委員会報告書のように，具体的な監査手続にかかる
規定まで監査の各局面において網羅的に定められている。また，監査品質
の確保のために，監査法人の品質管理体制のみならず，監査法人のガバナ
ンスにまで踏み込んだ原則も策定されており，これらの基準・委員会報告・
原則等により，会計監査における不正な財務報告への対応にかかる規範は
十分に整備されていると考える。

3. 金融庁の処分事案における不正な財務報告が看過された要因

（1）検討の対象とした処分事案の概要

　検討の対象とした処分事案は，図表1-1のとおり14事案である。対象は，
公認会計士・監査審査会が公表した直近10年度分（2007（平成19）年度版
から2016（平成28）年度版まで）の「公認会計士・監査審査会の活動状況」
のうち，「公認会計士等に対する懲戒処分等の調査審議」に記載されてい
る事案とした。「公認会計士等に対する懲戒処分等の調査審議」の中には，
たとえば，公認会計士のインサイダー取引といった公認会計士法違反の事
案等も含まれているがこれらの事案については除外している。また，処分
対象は，業務執行社員のみ（5事案），業務執行社員およびその所属先で
ある監査法人（8事案），監査法人のみ（1事案）と3つの類型が見られた。

第Ⅰ部　監査の現場から見た監査品質の課題

図表1-1　検討の対象とした金融庁の処分事案一覧

	処分日付	被監査会社	処分対象者	処分内容
1	2007年11月22日	サンビシ㈱	ビーエー東京監査法人および業務執行社員2名	監査法人：一部業務停止1か月 業務執行社員：業務停止6か月
2	2008年7月11日	三洋電機㈱	業務執行社員4名（中央青山監査法人所属）	一部業務停止6か月から2年
3	2008年10月24日	㈱セタ	監査法人夏目事務所および業務執行社員2名	監査法人：一部業務停止1か月および業務改善指示 業務執行社員：業務停止3か月
4	2009年7月8日	㈱ペイントハウスおよび㈱ゼンテック	監査法人ウィングパートナーズおよび執行社員3名	監査法人：業務停止1か月，業務改善命令 業務執行社員：業務停止3か月から1年6か月
5	2011年7月7日	ネクストウェア㈱	新日本有限責任監査法人および業務執行社員2名	監査法人：戒告 業務執行社員：業務停止3か月
6	2012年6月20日	オー・エイチ・ティー㈱	業務執行社員2名（創研合同監査法人所属）	業務停止6か月
7	2012年7月6日	オリンパス	有限責任あずさ監査法人および新日本有限責任監査法人	業務改善命令
8	2012年7月17日	中道機械㈱	有限責任あずさ監査法人および業務執行社員3名	監査法人：戒告 業務執行社員：業務停止1か月および3か月
9	2012年12月27日	㈱アクセス	業務執行社員2名（新日本有限責任監査法人所属）	業務停止6か月
10	2013年6月19日	RHインシグノ㈱	監査法人ハイビスカスおよび業務執行社員2名	監査法人：一部業務停止3か月および業務改善命令 業務執行社員：業務停止3か月

18

11	2013年10月2日	デザインエクスチェンジ㈱	業務執行社員2名（監査法人ワールドリンクス所属）	業務停止1か月および3か月
12	2014年6月18日	㈱プロデュース	業務執行社員1名（東都監査法人）	業務停止6か月
13	2015年6月30日	トラステックスホールディングス㈱	有限責任監査法人トーマツおよび業務執行社員3名	監査法人：戒告 業務執行社員：業務停止1か月および3か月
14	2015年12月22日	㈱東芝	新日本有限責任監査法人および業務執行社員7名	監査法人：一部業務停止3か月，業務改善命令 業務執行社員：業務停止1か月から6か月

（2）個別の監査業務の処分事案の概要における不正な財務報告が看過された要因の分析

　検討の対象とした個別の監査業務[3]において不正な財務報告が看過された要因は様々であるが，傾向を把握するために，ここでは，米国証券取引委員会（U.S. Securities and Exchange Commission: SEC）の不正に関連した会計監査人に対する処分事案における監査の不備の調査結果のうち上位10項目[4]を参考に，筆者の判断により要因を分類した。分類の結果は次頁の**図表1-2**に示している。

　わが国の処分事案の中で，不正な財務報告が看過された要因として最も多いのは「監査証拠の入手」に関連する要因で，事例のうち約8割が該当している。分析対象では，売上取引にかかる外部証憑を要請したにもかかわらず，被監査会社から入手した社内稟議書で代替した事例や，売上原価

3.　ここでは，業務執行社員のみ処分が行われた事案（5事案），業務執行社員およびその所属する監査法人に対して処分が行われた事案（8事案）のうち，個別の監査業務にかかる内容を対象としている。

4.　Top 10 Audit Deficiencies Lessons from fraud-related SEC cases （Mark S. Beasley et. al, Journal of Accountancy, April 2001, AICPA）における上位10項目である。

第Ⅰ部　監査の現場から見た監査品質の課題

図表1-2　処分事案における不正な財務報告が看過された要因

要因となった領域	Top 10 (*1)	処分事案		(参考) SEC処分事案 (*3)
		件数 (*4)	割合	割合
監査証拠の入手	○	11	85%	80%
職業的専門家としての正当な注意	○	8	62%	71%
職業的懐疑心の発揮	○	8	62%	60%
営業債権の残高確認	○	6	46%	29%
チーム内での情報共有・連携 (*2)		6	46%	NA
監査証拠の裏付けとしての質問の利用（過大な依拠）	○	5	38%	40%
経営者による重要な見積りの検討にかかる適切な証拠の入手	○	5	38%	36%
監査手続の立案および監査業務の計画（固有のリスクおよび非定型の取引）	○	2	15%	44%
会計基準の理解および適用	○	1	8%	49%
重要な関連当事者の識別と開示	○	1	8%	27%
内部統制への依拠（過大な依拠および識別した不備への対応の失敗）	○	―	―	24%

*1　○を付した項目は，Top 10 Audit Deficiencies Lessons from fraud-related SEC casesにおいて，上位10項目にランクされた監査の不備である。
*2　検討の過程において，検討対象とする処分事案に監査チーム内での情報共有・連携（監査調書の査閲を含む）にかかる不備の指摘が多かったため，Top 10 Audit Deficiencies Lessons from fraud-related SEC casesの上位10項目に独自に追加した項目である。
*3　参考までにTop 10 Audit Deficiencies Lessons from fraud-related SEC casesの図表"Top Audit Deficiencies in SEC Enforcement Actions: 1987-1997"に記載されているそれぞれの割合を掲載した。検討対象事案は1987年から1997年の間のSECの不正に関連する処分事案の45件である。
*4　1つの事案が複数の要因を含んでいるため，合計すると検討対象事案数の13件を超える。

について概括的な監査手続を行わなかったうえ，個別の売上原価について証憑突合を実施していなかった事例があった。

　次に多いのは，「職業的専門家としての正当な注意」および「職業的懐疑心の発揮」に関連する要因で，それぞれの事例のうち約6割で該当している。「職業的懐疑心の発揮」に関連する要因の分析対象の事例では，たとえば，入手した証憑が整合していないにもかかわらず追加的な監査手続を実施していない事例や，架空取引に使われていた売上先から会計監査人

に債務の認識がない旨の通報を直接受けたにもかかわらず，追加の監査手続を実施していない事例があった。また，「職業的専門家としての正当な注意」に関連する要因の分析対象では，子会社間の株式持ち合い等を考慮せずに連結範囲を誤った事例や，監査対象期の売上として計上される取引が，監査対象期の最終出荷分よりもあとに出荷された可能性を示す証憑があることに気付かない事例があった。

　その次に多いのは，こちらも同じ件数で該当した「営業債権の残高確認」および「チーム内での情報共有・連携」に関連する要因で，それぞれの事例のうち5割弱で該当している。いずれも，監査実務ではごく基本的な事項であると考える。「チーム内での情報共有・連携」については，業務執行社員間の情報共有や連携の漏れに加え，監査調書の査閲が十分に行われていなかった事案があった。「営業債権の残高確認」については，件数が多いのは，収益については不正のリスクがあると推定されているように，今回の検討対象事案の多くは被監査企業が売上にかかる不正な財務報告を行っているためと考えられる。検討対象では，不正に関連する営業取引の取引先（多くは共謀先ではない）に対する残高確認手続について，残高確認を実施していない，実施した場合でも未回収であった場合の代替手続が不十分，回収した場合でも回答額と帳簿残高の差異についての検討手続が不十分であった，さらには，確認状の発送を関与先に任せていたという不備までもが指摘されている。

①　SECの処分事案との比較

　金融庁による個別の監査業務の処分事案における不正な財務報告が看過された要因の分類結果について，不正に関連するSECの処分事案と比較する。

　図表1-2には参考として，SECの事案での調査結果もあわせて記載している。米国での調査対象期間は1987年から1997年と古い期間となっており，あくまでも参考という位置付けではあるが，金融庁の個別の監査業務

の処分事案における上位3要因,「監査証拠の入手」「職業的懐疑心の発揮」「職業的専門家としての正当な注意」,については,米国では同様に上位の要因となっており,同様の傾向を示している。一方で,米国では一定割合を占めていた「会計基準の理解および適用」「重要な関連当事者の識別と開示」「内部統制への依拠(過大な依拠および識別した不備への対応の失敗)」に関連する要因は,今回のわが国の検討対象には該当する要因が1件のみ,もしくは該当がなかった点では米国と異なった傾向を示しているとも言える。

② 日本公認会計士協会による
品質管理レビューにおける限定事項との比較

　続いて不正な財務報告とは直接関連しないが,日本公認会計士協会による監査事務所の品質管理の検査における限定事項と比較する。

　自主規制としての日本公認会計士協会は監査事務所の品質管理レビューを行っているが,2016年度の通常レビューにおいて,限定事項付き結論または否定的結論の原因となった項目のうち,監査業務における品質管理における限定事項の項目ごと割合上位5件を**図表1-3**に示した。

　日本公認会計士協会の品質管理レビューにおける限定事項では,「会計上の見積りの監査」が他の限定事項よりも割合が高い。この点は,金融庁の処分事案の傾向とは異なるが,監査の現場では,会計上の見積りは,より慎重,かつ,時間も割いていることが多いと考えられるため,筆者のように監査実務を担う立場の人間にとっては納得のいく結果ではある。次いで割合が高い「指示と監督および監査調書の査閲」,また,3番目に割合が高い「実証手続の立案および実施」については,金融庁の処分事案においても同様の領域が高い割合で要因となっている。「会計上の見積りの監査」が要因となる割合が金融庁の処分事案で高くないのは,そもそも処分対象となった事案の概要として,見積りの要素をともなわないと推定される売上にかかる不正な財務報告が多いことも一因となっていると考えられる。

会計監査における不正な財務報告を看過する要因　第1章

図表1-3　日本公認会計士協会による品質管理レビューにおける限定事項（*1）

限定事項	対象監査事務所（*2）	
	事務所数（*3）	割合
会計上の見積りの監査	9	50%
指示と監督および監査調書の査閲	7	39%
実証手続の立案および実施	6	33%
重要な虚偽表示リスクの識別，評価およびリスク対応	5	28%
運用評価手続の立案および実施	5	28%

＊1　日本公認会計士協会「平成28年度 品質管理委員会年次報告書」資料3「2.限定事項付き結論又は否定的結論の原因となった項目」より抜粋した。
＊2　対象監査事務所には，上場会社監査事務所名簿等登録事務所およびその他の通常レビュー対象監査事務所のいずれも含む。
＊3　平成28年度の通常レビューにおいて，限定事項付き結論又は否定的結論を付された監査事務所は18事務所であった。

（3）監査法人に対する処分事案の概要における不正な財務報告を看過した要因

　監査法人に対する処分事案の概要においては，個別の監査業務の執行社員が，相当の注意を怠り，重大な虚偽のある財務書類を重大な虚偽のないものとして証明したことの要因として，主に，監査法人の品質管理体制にかかる不備が処分理由とされており，究極的には，当該理由が，監査法人として不正な財務報告を看過した要因として考えられる。

　ただし，品質管理体制の不備の具体的な内容は様々であり，監査実施者の教育・訓練体制の不備や，専門的見解の問合せ部署の整備にかかる不備，審査体制の不備といった個別の体制の不備のほかに，公認会計士・監査審査会検査等で繰り返し指摘された不備に対して改善に向けた取組みが有効に機能していない，というような指摘事項もあった。

　前章で概観したとおり，わが国において会計監査における不正な財務報告への規範は十分に整備されてはいるものの，これらの規範に準拠して監査をしているであろう会計監査人が，不正な財務報告を看過したとして金

23

融庁から処分される事案は近年も少なからずある。金融庁の処分事案において，どれか1つの要因が不正な財務報告を看過したと断じるのは難しいが，個別の監査業務の事案において不備が最も多かった「監査証拠の入手」については，次いで不備が多かった「職業的専門家としての正当な注意」および「職業的懐疑心の発揮」が十分になされているのであれば生じえなかったのではないかとも考えられるため，この「職業的専門家としての正当な注意」および「職業的懐疑心の発揮」は不正な財務報告を看過しないために重要な要因と考えられる。

　一方で，監査法人に対する処分事案においては，品質管理体制にかかる不備が不正を看過した要因とされている。これは，個々の監査業務の執行社員および監査チームが「職業的専門家としての正当な注意」および「職業的懐疑心の発揮」を行い，十分な「監査証拠の入手」しているか否かを適切にサポート，もしくは，モニターする体制を構築することが重要であるとされているのではないかと考える。

4. 公認会計士が考える不正な財務報告を看過する要因

（1）実態調査報告書の概要

　日本公認会計士協会は，不正リスク対応基準の適用状況や公認会計士の不正な財務報告等に関する意識等を調査し，不正な財務報告等に対して会計監査での適切な対応を行うための施策を検討する際の参考とするため，「不正な財務報告および監査の過程における被監査会社との意見の相違に関する実態調査」（実態調査）を行い，調査結果を実態調査報告書として2016年5月に公表した。調査はアンケート形式により行われ，不正リスク対応基準の適用後の期間とすることを考慮し，2014年4月期から2015年3月期にかかる1年間に，上場企業の監査責任者として関与した監査法人・公認会計士事務所の社員等713名が回答者となっている。主な質問項目は，

不正な財務報告に関する全般的質問，「不正による重要な虚偽の表示を示唆する状況」を識別した個別事案に関する質問，「被監査会社（の経営者）との意見の相違」に関する全般的質問，「監査の過程における意見の相違」に関する個別事案に関する質問であるが，このうち不正な財務報告に関する全般的質問への回答から，いわば，監査の現場において，公認会計士が考える不正な財務報告が看過される要因について検討する。

（2）公認会計士が考える不正な財務報告を看過する要因

　実態調査の中では，公認会計士が考える不正な財務報告を看過する要因は，質問Ⅲ-1への回答から見出すことができる。質問Ⅲ-1に対して用意された回答の選択肢は16あり，その内容は，被監査会社，財務報告・監査制度，公認会計士にかかるものとなっている。このうち，回答件数が最も多い「適切な財務報告を行うことに対する経営者等の意識の低さ」（365件・51％）のように，被監査会社にかかる選択肢は，発生した不正な財務報告を看過する要因というよりは，不正な財務報告そのものの発生を阻止できない要因となっているといえよう。このため，**図表1-4**では，質問Ⅲ-1の回答のうち，不正な財務報告を看過する要因と考えられる回答項目のみを抜粋した。

　図表1-4のうち，最も回答率が高い「監査人（公認会計士）の経験・能力の不足」は，誰もが考える不正な財務報告が看過される要因であると言えよう。個々の監査人の経験・能力の不足は，監査チームの構成メンバーを考慮することで解決し得るかもしれないが，経験・能力が仮に十分確保されたとしても，これらが活かされずに不正な財務報告が看過される要因を回答率が2番目以降の回答から見出すことができる。

　回答率が2番目に高い「監査の形式的側面（文書化等）を実質的な側面より重視しがちな監査事務所のカルチャー」は，監査事務所のマネジメントの問題である。監査人個人が経験・能力を有していたとしてもこのような監査事務所のカルチャーによりその経験・能力を発揮することができな

第Ⅰ部　監査の現場から見た監査品質の課題

図表1-4　質問Ⅲ-1および回答のうち不正な財務報告が看過される要因と考えられる回答項目

質　問	不正な財務報告を防止するうえで障害となっていると思われるものは何でしょうか。次の中からよりあてはまると考えられるものを3つまで選んでください。（複数回答可）		
回答（不正な財務報告が看過される要因にかかる項目）	回答カテゴリ	回答件数	回答率
	監査人（公認会計士）の経験・能力の不足	240	34%
	監査の形式的側面（文書化等）を実質的な側面より重視しがちな監査事務所のカルチャー	143	20%
	期末監査のスケジュールがタイトなこと	134	19%
	懐疑心を発揮して監査を実施することよりも，効率的に監査業務を実施するインセンティブが監査人（公認会計士）に強く働くこと	91	13%
	会計監査において，取引先等に対する反面調査を行うことが困難なこと	81	11%
	監査スタッフの経験・能力の不足	73	10%
	監査報酬の決定権が経営者にあること	73	10%
	被監査会社（法人）との契約に基づき監査を行うため，監査人の交代のプレッシャーがかかること	65	9%
	監査事務所のスタッフ不足していること	42	6%

出所：「不正な財務報告及び監査の過程における被監査会社との意見の相違に関する実態調査報告書」表Ⅲ-1を筆者が加工。

いことも考え得るし，そもそも個々の監査人が経験を重ね，能力を高めることが推奨もしくは評価されないことも考え得るため，このようなカルチャーは監査事務所全体といった広範囲の監査品質に影響し得る要因とも考えらえる。

　回答率が3番目に高い「期末監査のスケジュールがタイトなこと」については，現在の開示制度や被監査会社との関係性に起因するものと考えられる。開示制度については，個々の監査人だけでは解決できない問題と考えられる一方で，被監査会社との関係性については，たとえば，決算公表時までに監査報告書を提出することを求めないように，監査役等とも連携

26

して被監査会社に申し入れるなどの一定の対応を行うことも考えられるのではないか。

個々の回答率は高くはないものの「監査報酬の決定権が経営者にあること」「被監査会社（法人）との契約に基づき監査を行うため，監査人の交代のプレッシャーがかかること」の2つの回答カテゴリをいわゆるインセンティブのねじれに関連する回答としてまとめると，単純に合算して20%弱の回答率になることから，相当程度の公認会計士が，インセンティブのねじれも不正な財務報告を看過する要因と考えていることになる。2014年会社法改正により，監査役設置会社では株主総会における監査人の解任・選任議案の提出は監査役（会）が行い，監査報酬の同意権も監査役（会）が有しているものの，監査報酬の決定は取締役が行う。また，実態的には取締役も監査人の選任・解任の意思決定に影響力を行使しているケースも多いと考えられるため，会社法改正によってもインセンティブのねじれは解消されていないと考える公認会計士が相当程度いるのであろう。

5. 将来への展望

今回は，過去の処分事例や公認会計士の経験に基づいた，不正な財務報告が看過された要因について検討を行った。監査の現場においては，これらの過去の金融庁の処分事案や公認会計士の視点を通して，過去の不正な財務報告が看過された要因に留意しながら監査業務を遂行することは必要とは考えるものの，果たしてそれだけで十分であろうかという疑問を持った。

昨今の情報技術を筆頭とするテクノロジーの発達は，社会において様々なイノベーションを生み出し，企業活動にも目まぐるしい変化をもたらしており，過去の延長線上に将来があるような状況でもないと感じることも多い。このような状況において，過去には想像し得なかった，新たな情報技術等を用いた巧妙な不正な財務報告が行われる可能性も否めない。また，

監査手法自体にもイノベーションが起こりつつある。将来においては，単に過去の事例や経験を踏まえた不正リスク対応を行うことでは不十分，もしくは，せっかくの監査手法のイノベーションが活かされない可能性も否めない。

　また，国際財務報告基準の任意適用の拡大やわが国の会計基準のより一層のコンバージェンス等にともない，将来においては，会計上の見積りが行われる領域が増えることも想定される。金融庁の過去の処分事案においては，「経営者による重要な見積りの検討に係る適切な証拠の入手」に関連する要因はそれほど上位の要因ではなかったものの，将来においては，会計上の見積りを利用した不正リスクが高まる可能性があると考えられる。

　このような状況をかんがみると，今後は，将来生じ得る不正リスクを多面的な角度から検討・想定し，これらに確実に対応できるように，監査の現場においても，フォワード・ルッキングな視点をより取り入れることが必要と考える。

〈参考文献〉

Mark S. Beasley, Joseph V.Carcello, and Dana R. Hermanson (2001) Top 10 Audit Deficiencies Lessons from fraud-related SEC cases, *Journal of Accountancy*, 191(4), pp.63-66.

金融庁 (2016) 会計監査の在り方に関する懇談会「提言―会計監査の信頼性確保のために―」3月8日。

――― (2017) 監査法人のガバナンス・コードに関する有識者検討会「監査法人の組織的な運営に関する原則」(監査法人のガバナンス・コード) 3月31日。

公認会計士・監査審査会 (2008〜2017)「第4章 公認会計士等に対する懲戒処分等の調査審議」(年次報告「公認会計士・監査審査会の活動状況」(平成19年事務年度版〜平成28年度版))。

日本公認会計士協会 (2016)「不正な財務報告及び監査の過程における被監査会社との意見の相違に関する実態調査報告書」5月30日，8，9頁，12-14頁。

――― (2017)「資料3 通常レビューにおける改善勧告事項及び限定事項付き結論又は否定的結論の原因」(平成28年度 品質管理委員会年次報告書) 6月26日。

第1章のテーマに関するディスカッション **第1章**

第1章のテーマに関するディスカッション

　本章は，わが国の会計監査制度における不正な財務報告への対応を確認したうえで，金融庁の処分事案（規制当局の視点）と公認会計士を対象とした意識調査（公認会計士の視点）の結果に基づいて，公認会計士が不正な財務報告を看過する要因を整理・分析している。

（1）金融庁の処分事案における不正な財務報告が看過された要因

　本章3では，直近10年度の金融庁による処分事案について，不正な財務報告が看過された要因の分析が行われている。この分析では，1987年から1997年にかけてのSECによる監査人の処分事例45件を分析したBeasley et al.（2001）が参照されているが（本章の**図表1-2**），2013年には，この論文と同じ著者3名を含むBeasley et al.（2013）が公表されており，同論文では，1998年から2010年にかけての87件の処分事例が分析されている。つまり，これら2つの論文により，1987年から2010年までの24年間のSEC処分事例において指摘された監査の失敗の原因を知ることができる[5]。

　図表1-5は，Beasley et al.（2013）で明らかにされた監査の失敗（10位まで）を示している。本章の**図表1-2**と合わせて読むと，上位3つの要因，すなわち，「十分かつ適切な監査証拠」，「職業的専門家としての正当な注意」および「職業的専門家としての懐疑心」は共通していることがわかる。

　SECの処分事例では，監査人の責任認定にあたって，アメリカ公認会計士協会または公開会社会計監督委員会（PCAOB）が設定する個別の監査基準への違反を具体的に指摘することなく，これらの3つの要因をしば

---

5. また，Beasley et al.（2001）とBeasley et al.（2013）による監査の失敗の分析の基礎には，それぞれ，不正な財務報告事例について会社の概要（財務状況，市場，業種，所在地），統制環境，不正の種類などを分析したBeasley et al.（1999）とBeasley et al.（2010）がある。前者では347件，後者では294件の処分事例が分析されている。

29

第Ⅰ部　監査の現場から見た監査品質の課題

図表1-5：実際の監査における主な失敗（事例数＝81社）

問題領域	事例の割合（件数）
1．十分かつ適切な監査証拠の収集に失敗	73%（59件）
2．職業的専門家としての正当な注意の発揮に失敗	67%（54件）
3．職業的専門家としての懐疑心の水準が不十分	60%（49件）
4．経営者の説明に関連する十分な証拠の獲得に失敗	54%（44件）
5．適切な監査意見の表明に失敗	47%（38件）
6．GAAPの要求事項の誤った／一貫性に欠けた解釈または適用	37%（30件）
7．不正リスクの検討が不十分	33%（27件）
8．計画及び監督が不十分	31%（25件）
9．監査リスクと重要性への適切な対応に失敗	21%（17件）
10．監査調書の作成と保管が不十分	20%（16件）

出所：Beasley et al.（2013），p.13, Table 7より抜粋。

しば監査の失敗として指摘する傾向がある[6]。これは，一般に監査の失敗事例における具体的な失敗は複数存在し，それらが複合して失敗が生じるため，あるいは具体的な失敗を煎じ詰めていけばいずれかの要因に辿り着くためと考えられる。このことは，本章3（2）「個別の監査業務の処分事案の概要における不正な財務報告が看過された要因の分析」における分析（要因の分類）の記述からも理解できるであろう。とはいえ，時期と地域を越えて，日米で同様の傾向が確認されたことは興味深い[7]。

　本章3ではさらに，日本公認会計士協会による品質管理レビューにおける限定事項が検討されている。図表1-3に示されている限定事項は，「重要な不備が見受けられ，重要な準拠違反が発生している相当程度の懸念が

6．たとえば，AAER第3436号では，①監査証拠の収集・評価，②会計上の見積りの監査，③経営者の説明への過度の依拠，④監査調書の作成，⑤事後判明事実への対応に問題があったが，最終的な責任認定にあたって「適切な職業的懐疑心を発揮しなかった」ことが問われており，さまざまな監査上の失敗を総括して「職業的懐疑心」の欠如と捉える傾向がうかがえる（林（2015）参照）。また，SEC処分事例については，鳥羽・村山（1998，2000，2001，2004）ならびに福川（2018）を参照されたい。

7．堀古（2013）は，Beasley et al.（2013）と金融庁による処分事例との比較検討を行い，同様の傾向を確認している。

ある」事項である。つまり，監査の失敗が顕在化したわけではないが，監査の失敗につながり得る品質管理システム上の問題点と解される。そのため，**図表1-2**に示された金融庁の処分事案の要因とは性質が異なり，**図表1-3**では，重要な虚偽表示リスクの識別，評価およびリスク対応，運用評価手続の立案および実施，あるいは実証手続の立案および実施のような監査リスクアプローチにおける各フェーズが問題点を示す大きな括りとして用いられている。

（2）公認会計士が考える不正な財務報告を発見できない要因

本章4では，第三者ではなく監査人自身の意識調査の結果が紹介されている。**図表1-4**は，**図表1-2**および**図表1-3**に示された監査の失敗およびその可能性（何に失敗したか，あるいは何に失敗しそうか）ではなく，「なぜ失敗するのか」についての監査人の認識が示されている。たとえば，「監査人（公認会計士）の経験・能力の不足」は，「会計基準の理解および適用」における失敗の原因の1つであろうし，「期末監査のスケジュールがタイトなこと」，「監査報酬の決定権が経営者にあること」あるいは「被監査会社（法人）との契約に基づき監査を行うため，監査人の交代のプレッシャーがかかること」は，さまざまな失敗の原因となる環境要因といえよう。

（3）監査の失敗の原因とは

重要な虚偽の表示を看過するという監査の失敗を防ぐために，したがって，重要な虚偽の表示を発見し，適切に対応するという意味での監査品質を向上させるために，過去の失敗に学ぶことは有益である。しかし，ここまでの議論からも明らかなように，SEC，公認会計士・監査審査会，日本公認会計士協会等が公表する資料からは，監査の失敗の原因や失敗につながり得る問題点の詳細を把握することは難しい。

監査の失敗に対する責任認定は，最も大きく捉えれば，職業的専門家としての正当な注意を払わなかったこと，または職業的専門家としての懐疑

心を保持・発揮しなかったこととなる。では，何をもって正当注意義務違
反を問われるかといえば，たとえば，十分かつ適切な監査証拠を入手しな
かったためであり，それはなぜかといえば，実施すべき監査手続を実施し
なかったことや，監査調書の査閲とそれに基づく指示・監督が不十分であ
ったためであり，それは監査人の経験・能力の不足に起因することもあれ
ば，タイトなスケジュールに起因する側面もあるかもしれない。

　監査の失敗の原因は，一般的には複合的なものであり，直接・間接にさ
まざまな要因が関連すると考えられる。このような監査の失敗の原因分析
や，そこから学ぶためのケース分析のような教材の開発は，研究者に与え
られた課題であり，実務家や監督機関との連携が求められる課題である。

〈参考文献〉

Beasley, M. S., J. V. Carcello, and D. R. Hermanson (1999) Fraudulent *Financial Reporting: 1987-1997, An Analysis of U.S. Public Companies*, Committee of Sponsoring Organizations of the Treadway Commission.

――(2001) Top 10 Audit Deficiencies: Lessons from fraud-related SEC cases, *Journal of Accountancy*, 191(4), pp.63-66.

Beasley, M. S., J. V. Carcello, D. R. Hermanson and T. L. Neal (2010), *Fraudulent financial reporting 1998-2007, An Analysis of U.S. Public Companies*, Committee of Sponsoring Organizations of the Treadway Commission.

――(2013) *An Analysis of Alleged Auditor Deficiencies in SEC Fraud Investigations: 1998–2010*, Center for Audit Quality.

鳥羽至英・村山徳五郎責任編集（1998）『SEC「会計連続通牒」(1) ―1930～1960
　年代―』中央経済社。

――(2000)『SEC「会計連続通牒」(2) ―1970年代(1)―』中央経済社。

――(2001)『SEC「会計連続通牒」(3) ―1970年代(2)―』中央経済社。

――(2004)『SEC「会計連続通牒」(4) ―1970年代(3)～1980年代―』中央経済社。

林隆敏（2015）「アメリカの処分事例にみる職業的懐疑心」『會計』187巻2号，97-
　110頁。

福川裕徳責任編集（2018）『SEC会計監査執行通牒　1982年―1985年』国元書房。

堀古秀徳（2013）「我が国の監査実務の現状と研究上の課題―監査の失敗に関する
　調査を中心に―」『関西学院商学研究』67巻，19-41頁。

第**2**章

利害関係者に対する監査人の姿勢の観点から見た監査品質

「監査の『品質』とは何ですか?」

〈執筆者〉

那須 伸裕（PwCあらた有限責任監査法人・パートナー）

〈ディスカッション〉

町田 祥弘（青山学院大学大学院・教授）

第Ⅰ部　監査の現場から見た監査品質の課題

1. 課題の認識と本章の目的

　「監査の品質管理」については基準が設けられ，監査の品質をどのよう
に管理するか，そのポイントや手法等については明確に定められている。
またそれらの基準に基づく実務が存在する。一方，管理の前提となる「監
査の品質」の定義については，基準で明確に示されていない。

　しかし，公認会計士が担う財務諸表監査にかかわる人たちの間でこの「監
査の品質」に対する認識の相違があれば，期待ギャップの解消は望めず，
監査人として好ましい状況ではない。また「監査の品質」は，監査業務実
施者側が一方的に定義するものではなく，本来は監査人と被監査会社，あ
るいはサービス提供者と受益者という視点から検討され，共通の理解，認
識として確立していくべきものと考える。

　財務諸表監査を取り巻く様々な人たちの共通理解を構築するためにも，
「監査の品質」とは何か，品質の高い監査とは何か，を利害関係者に対す
るサービス提供者としての監査人の姿勢の観点から整理することが必要と
考える。

2. 現状のルール等における説明

（1）基準から読み取れる監査品質

　企業会計審議会は2005年10月に「監査に関する品質管理基準」を公表し
た。設定の理由として，前文において「監査法人の審査体制や内部管理体
制等の監査の品質管理に関連する非違事例が発生したこと」としており，
基準の目的を「財務諸表の監査を実施する監査事務所及び監査実施者に，
監査業務の質を合理的に確保することを求めるものである。」としている（金
融庁，2005）。また，「主な内容と考え方」においては，いずれの項目も監

34

査業務を行うための前提，基礎といったものが列挙されている。

　これらから，基準でいう「監査の品質」あるいは「監査業務の質」は，少なくともこの基準に合致した仕組みや手順に基づいて業務を行うことによって達成が期待される「合格点が与えられる水準」「公認会計士が行う監査業務として許容されるレベル」を示していると考えられ，監査サービスが「上質かどうか」ではない。

（2）日本公認会計士協会の研究報告

　日本公認会計士協会は，2015年5月「監査品質の枠組み」を公表した。この中では「監査品質という用語は，監査の利害関係者における議論やコミュニケーションにおいて使用される。ただし，監査品質は多面的で複雑な主題であり，国際的にも確立した監査品質の定義は存在しない。」として，明確な定義を示していない（日本公認会計士協会，2015）。さらに「監査品質が多面的で複雑な主題であるのは，監査が監査人の能力や資質に依存し，職業的専門家としての自己規律を前提とした業務であることに関係している。」としている。

　それに加え，監査品質の定義およびその評価が困難である理由として以下を挙げている。

---

　①「監査済財務諸表における重要な虚偽表示の存在の有無は，監査品質の部分的側面しか表さない。……（中略）……監査済財務諸表における未発見の重要な虚偽表示の有無を，監査品質の唯一の評価尺度とすることは適切ではない」

　監査の指導・助言機能により誤謬が修正されるなどした結果，適正な監査済財務諸表が開示されることも，監査品質の1つの側面である，としている。監査人としてこの整理には同意する。

　しかし，公認会計士による財務諸表監査の目的は，財務諸表利用者が判断を誤るような重要な虚偽表示をなくすことであり，重要な虚偽表示が監

第Ⅰ部 監査の現場から見た監査品質の課題

査済財務諸表に残存していれば，結果として「監査が失敗した」という評価を受けることは事実である。監査に従事する公認会計士としてはきわめて厳しいことではあるが，現在では，それが職業的専門家の使命であり逃れられないことと考える。

> ② 「二つの企業が全く同じ状況にあることはないため，監査人による監査手続の選択・適用と監査証拠の最終的な判断は，個々の状況により異なる。したがって，監査品質の単純な比較は極めて困難である」

　企業の方々は自らが同一のビジネスを継続しておられ，我々監査人も「監査」という同一のビジネスを継続しているので，監査手続やその工数が減らないと「監査業務の効率化が図られていない」とご指摘を受けることが多い。しかし，我々監査人が直面する企業が行っているのは，多くの場合同じように見えてもサービスの内容や量，提供先が変化し続けるビジネスであり，それを対象にした監査手続に若干の幅がなければ，それらの変化を許容し，適用する会計や開示のルールが最適であることを適時に判断することは難しい。「特に何もない」ことを確保するには，それ相応の備えがなければならないからである。

　そういった判断は，すべての監査業務にあてはまる。したがって，別の監査チームの業務，別の会社を対象とした監査業務，別の期間を対象とした監査業務，それらを比較することは，行った手続等の違いを見つけることはできても，単純にその違いが監査品質の違いを示すものとは限らない，ということについて同意する。

> ③ 「外部者である財務諸表の利用者は，通常，監査品質を直接的に評価する情報（例えば，監査人が実施したリスク評価やリスク対応手続とその結果，及び監査人の発見事項並びに指導・助言機能の発揮の状況等）を入手する機会はない」

　前述のとおり，監査人の発見事項ならびに指導・助言機能の発揮につい

ては，確かに当該監査人個人の能力や資質を示す1つの材料であり，評価の対象とすべきであると考える。また，監査人が会社のビジネスをどのように捉え，当該ビジネスから生じるリスクをどのように認識し，対応する監査手続を定め，実施したのか，といった過程は，結果として重要な虚偽表示を見逃し，監査が失敗したときには，監査人が負うべき責任の範囲等を評価するうえで，きわめて重要なものであるとの指摘には同意する。

このように，「監査の品質」には，監査済財務諸表に重要な虚偽表示が残存するか否か，という絶対的な尺度があることに加え，監査人がどのような手順で監査業務を行い，その過程で会社とどのようなやり取りをしたか，会社にどのような働きかけをしたか，といったことも評価ポイントになるはずだ，ということを同報告では述べている。

（3）現状のルール等の視点

（1）の基準は，まさに「監査人がどのような手順で監査業務を行い…」という部分についてルールを定めたものであり，そもそもこれを充足していなければ，万が一監査の失敗が生じた際には，「失敗するべくして失敗した」という評価を受けるだろう。

そして（2）の研究報告では，（1）の基準で定める尺度に，被監査会社の事業の種類や規模，実際に行われる取引に応じた指導・助言機能の発揮による効果を加えることが監査業務全体の品質という観点では適切だとしている。

これらの基準や報告から，職業専門家の業務として不正や重要な誤謬を見逃さないために定められた手続を行うことに加え，被監査会社の実態に即した指導や助言を行うことで投資情報の有用性を向上させることが，高品質の監査であるということができると考える。

第Ⅰ部　監査の現場から見た監査品質の課題

3. 監査以外の事業における品質尺度や品質管理基準と監査の対比

（1）数値による品質尺度

①自動車の場合

　前述2.のとおり，監査品質に関するルール等においては，監査の「品質」は明確に定義されていない。一方，一般的に購入できる商品やサービスの「品質」は計測できる数値等で表現されることが多い。自動車メーカーは市場の特性を理解し，それに合致した性能を発揮し，顧客が負担し得ると予測した価格で販売しても利益が得られるような原価水準を達成するため，材料，製造工程や運賃等，あらゆるコストを見直し，工夫する。その結果作られる自動車の「品質」は，動力性能（kg・m, PS），燃費（km/l），静粛性（dB），耐久性（年，km）といった「数値」で表現されることが多く，「性能」ともいう。動力性能が高く，燃費が良く，静かで，長持ちする車の品質は高い。逆に走行中にハンドルが折れたり，天井から水が漏れるような車の品質は，当然低い。

　しかし，実際には商品を購入した顧客が持つ数値で表せない期待や希望を叶えることも「品質」の重要な要素である。「乗り心地」は専門家の世界ではかなり数値化されているが，我々のような一般的な購買層にいる者は数値ではなく「心地」という「感触」を評価の重要な要素にしている。たとえば，乗り心地が良ければ，その車の「品質が高い」と考えるようなことである。

　そして，もう1つの重要な要素が「価格」である。通常，自動車を購入する場合，より性能が高く乗り心地の良い車を，より安価で購入したいと顧客は考える。払っても良いと思う金額を価格が下回れば納得して購入するが，上回るときは「品質が（期待ほど）高くない」と感じ，購買行動はその時点でストップする。

38

このように見ると，「理論的な」自動車の品質とは「性能」と「乗り心地の評価」で表されるが，「実務上の」自動車の品質とは「価格」という制約下での総合的な「顧客満足度」で表されるものと考えられる。「数値が高い＝顧客満足度も高い」とは限らない。

②数値情報による品質表示の監査業務へのあてはめ

前述①と同様に監査業務において評価基準となりそうな数値等を列挙した場合，どのようになるか。まず，監査事務所，監査チームや担当者を数値で表してみる。

> ・担当者が過去に従事した監査業務はＡ社（業種）に○日，Ｂ社（業種）に○日
> ・理解度テストに合格した基準や規則は○本，過去３年間の研修受講時間は○時間
> ・監査事務所に在籍する年金数理士，弁護士，IT技術者等の他の専門家はあわせて○人
> ・監査チームにTOEIC700点以上の者は○人，同業他社の監査業務に従事した者は○人
> ・意見不表明は○件，限定意見の表明は○件
> ・直近１年間で継続企業の前提への疑義を付した監査意見は○件
> ・……

次に具体的に実施した個別の業務について監査手続等を数値で表してみる。

> ・内部統制の有効性の検証対象とした業務プロセスは○件
> ・取引サンプルを抽出する重要性の基準は○円
> ・残高確認書は○件発送，カバー率は○%
> ・証憑突合した伝票は○件，全体の○%，損益伝票のカバー率は○%
> ・現物を確認した固定資産の割合は取得価額ベースで○%
> ・鑑定評価した不動産の割合は簿価ベースで○%
> ・監査役への説明は○回，CFOとの協議は○回
> ・監査意見表明にかかる審査担当者は○名で○時間
> ・監査従事時間は監査責任者が○名で○時間
> ・５年超の実務経験のある公認会計士は○名で○時間，５年以下は○名で○時間，計○時間
> ・監査報酬は○円
> ・……

前者は監査サービスの提案時等に必要であり，確認・検証可能な数値のみ開示するとしても，かなり多様なものを示すことはできるはずだ。

後者も記載した数値の多くは，改めて数値を算出する必要はない。法定

第Ⅰ部　監査の現場から見た監査品質の課題

監査の終了後，監査業務ごとに監査人が金融庁や日本公認会計士協会に提出する書類（監査概要書または監査実施報告書）の記載事項として，何年も前から把握，集計されているため，実際には開示項目が減少した場合でも，継続的に把握している可能性が高いからだ。また，有価証券報告書には監査責任者の氏名や補助者の数も記載されているので，従事時間数を書き加えるよう，記載ルールに1項目加えれば，どの監査責任者がどのように従事していたか，時間数ははっきりする。

　さらに，2017年3月期の監査業務を例にとっても，「監査法人の組織的な運営に関する原則（監査法人のガバナンス・コード）」（金融庁，2017）の公表を踏まえ，被監査会社である顧客に対しては，かなり詳細な説明を行っている事例があり，すでに実務上は開示が進んでいるとも言える。

　このように，監査サービス供給側から開示できる数値は少なくない。監査人だけでなく，顧客のうち財務諸表作成者である経営者，被監査会社の方々も，これらの数値で自らが受ける監査サービスの品質を相当程度表すことができる。これらを開示せず「監査の品質は説明しにくい」というだけでは，顧客側の理解を得られないだろう。数値のみで端的に「監査の品質」を示せるかどうかは後の評価として，説明を文章で付け加えるなどしながら，開示を進めることも必要と考える。

（2）品質管理基準

①ISO

　国際標準化機構（International Organization for Standardization: ISO）の定める基準には，「何らかの製品やサービスに関して，世界中で同じ品質，同じレベルのものを提供できるよう定められた基準」と，「製品そのものではなく，組織の品質活動や環境活動を管理するための仕組み（マネジメントシステム）について」定められた規格がある[1]。前者は非常口のマーク

---

1. 財団法人日本品質保証機構「ISOの基礎知識，1.「ISO」とは」 https://www.jqa.jp/service_list/management/management_system/。

やカードの形状を定めた基準，後者には品質マネジメントシステム（ISO9001）や環境マネジメントシステム（ISO14001）が該当する。

　製品やサービスに関して定められた基準では，たとえばカードの形状にかかる基準（ISO/IEC7810）の場合，大きさ（縦×横），厚さ，材質のほか，強度や耐久性等について規定されている。キャッシュカードやクレジットカードがいずれも同じサイズで作られているのは，これによるものである。規定される物理的基準，数値基準に合致させることで，カードの品質が一定以上に保たれる，という効果があることは，わかりやすい。

　一方，ISO9001では，前文でこの国際規格に基づく品質管理システムを実施する組織にとっての潜在的な利点として以下を挙げている[2]。

ⅰ）顧客および適用される法律および規制要件を満たす製品およびサービスを一貫して提供する能力

ⅱ）顧客満足度を高める機会を促進する

ⅲ）その文脈および目的に関連するリスクおよび機会に対処すること

ⅳ）特定の品質マネジメントシステム要件への適合を実証する能力

　また，この規格はPDCA（Plan-Do-Check-Act）サイクルとリスクベースの考え方を組み込んだプロセスアプローチを採用している，としており，全体像として**図表2-1**を示している[3]。

　これによれば，ISOのうち製品およびサービス自体の仕様や要件を定めた基準は，製品・サービスの質そのものを担保するが，ISO9001の場合，製品やサービスの質自体ではなく，前述の導入利点ⅰ）のとおり，適用される法律および規制要件を満たし，一貫して継続的に業務やサービスを行っていることを証明するための規格である。したがって，ISO9001を導入していることは，どの水準の要件を満たしているかを示すものではない。

---

2. 国際標準化機構（2015）「Introduction 0.1 General」。

3. 国際標準化機構（2015）「Introduction 0.3 Process approach　Figure 2 -Representation of the structure of this International Standard in the PDCA cycle」。

図表2-1　ISO9001の全体像

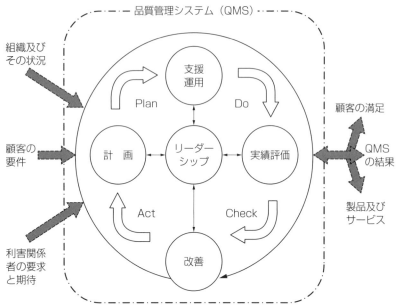

②ISOと監査に関する品質管理基準の関係

　前述①のISO9001品質マネジメントシステムは，導入主体に適用される法律や規制要件を満たしていることを立証し，またそれを維持することを目的の1つとしており，監査に関する品質管理基準に類似すると考える。

　一方，製品やサービス自体の品質を規定したISOの基準については，監査の場合，監査基準をはじめとした個別の監査にかかるルールが該当し，さらにさかのぼれば財務諸表作成にかかる会計や開示の基準が該当すると考える。

　つまり，財務諸表がそれら会計・開示の基準に合致し会社の事業・ビジネスを最も適切に表しているか，その結果に重要な虚偽表示が残存していないかを確認するための監査手続が監査の基準に則って行われているか，そこまでが製品・サービス自体の品質を規定する基準の範疇である。前述

２．（１）がこれに該当すると考えられる。

　そして，監査に関する品質管理基準は，それらの製品・サービス，つまり監査業務自体の品質を規定する基準に沿う形で業務が行われ，監査業務実施者に適用される法律や規制要件を含め，監査事務所・監査法人が組織として継続してそれらを充足していることを立証できるよう，仕組みを構築し，検証をしなければならない，と規定していると考える。

　このように整理すると，品質管理基準への準拠性だけを形式的に突き詰めれば，「監査の品質」とは，監査の基準に従って監査手続を行い，作成された財務諸表が会計・開示の基準に合致し，重要な虚偽表示がないことを確かめることであり，単純な基準適合性と結果としての重要な虚偽表示の有無の検証，ということになる。チェックリストをひたすらクリアし，会計，開示および監査の基準に合致していることを片っ端から検証していく，という実務は，この考え方に則ったものであり，監査実施者としては，最も合理的な対応と考えられる。

4. 財務諸表作成者から見た監査品質

（1）アンケート結果から導き出される 財務諸表作成者が考える「監査の品質」

　税務研究会の企業懇話会が2016年の６月から８月にかけて行ったアンケート調査の中で，「『監査の品質が高い』とはどのようなことと考えますか？」との質問を行っている（税務研究会，2017）。以下の６項目の選択肢から複数回答可で回答を求め，回答者数は115社の担当者であった。結果は**図表２-２**のとおりである。

　最多の回答は項目５．であり，作成が完了した財務諸表に対して行う手続というよりも，取引の実態等を踏まえ，ベストの開示を一緒に検討することが「監査の品質が高いことだ」と９割が回答している。

第Ⅰ部　監査の現場から見た監査品質の課題

図表2-2　財務諸表作成者の考える高品質の監査

選択肢	件数
1．監査に時間をかけ，妥協せずに詳細なチェック手続を実施すること	15
2．ルールを駆使して被監査会社の主張を認めること	17
3．投資家が満足するよう多様な意見表明をすること	18
4．不正や誤謬を発見するため，様々な手続を実施すること	52
5．最適な会計処理や開示の方法を会社とともに検討し導き出すこと	104
6．監査役や内部監査部門の業務を最大限利用して，効率を向上させること	44

　回答者の属性は監査を受ける部署の部・課長が8割を超え，監査への対応経験も豊富な方々が大半を占めており，決して監査制度やその目的を御存じないわけではない。にもかかわらず，9割の方がこの選択肢を選ばれたという結果は，監査業務を理解するうえで重要だと考える。

　一方項目4．は約半数が選択しているが，項目6．と同水準であること，あるいは項目1．を選んだ方が少数にとどまったことから，財務諸表作成者としては，不正や誤謬の発見は監査品質を表すものではなく，当然の責務と捉えているものと考えられる。

　アンケートではこれ以外にも財務諸表作成者から見た監査実務について質問しており，たとえば「問10．監査責任者に対する満足度はどの程度ですか？」「問17．会計監査人からの業務に関する説明は十分でしょうか？」という2問の回答を組み合わせると以下**図表2-3**のようになる。

　この結果からわかることは，十分な説明を受けていると感じている方は，監査責任者自体に満足している，ということである。監査業務が「サービス業」の一種である，と考える根拠となるものである。

図表2-3 監査人に対する満足度と説明の十分性の関係

	Q10	高 ←			→ 低	
Q17		1	2	3	4	5
十分	1	4	2	1		
	2	2	20	13	1	
	3	1	12	40	3	
	4		4	6	2	2
不足	5		1			

（2）監査サービスに必須の説明力

　前述（1）のとおり，財務諸表作成者は監査品質の測定指標として「監査人からの説明」を強く意識している。研究報告でも「監査においては，会計処理や表示に関して経営者に修正を要請する際や，監査意見の形成に当たり毅然とした態度で臨まなければならない局面があり，監査人には，相手の理解を求める粘り強さや意思の強さという資質も求められる。」（日本公認会計士協会，2015，Ⅰ，2，5項）とあるとおり，一義的な監査報酬の支払者である被監査会社の主張に反する会計処理や開示を求める必要も生じる。また，近年，会計不正の度に増加する監査手続についても，財務諸表作成者の大半は「対岸の火事」にもかかわらずなぜ自社の監査にまでそのリスクを反映した手続がなされるのか納得していない。変化の激しい時代が続く限り，そういった監査現場の状況も継続すると思われ，さらに監査人は様々な説明を求められることになる。

　しかし，アンケート結果からもわかるとおり，この「監査人の説明責任」を果たそうとし，それが財務諸表作成者に理解されている監査法人は，ほかと比較して監査業務に対する満足度は相対的に高い。

　顧客の要求に単純に応じるビジネスではない，という点で監査業務はき

第Ⅰ部 監査の現場から見た監査品質の課題

わめて稀なサービス業といえる。顧客の意に染まない処理を選択したり，開示を求めたりすることも少なくないが，議論の対象となる取引の認識，それにかかるリスクの認識，そして求める処理の必要性，それらについて十分に議論し，監査人が踏まえる「投資家の視点」「外部の第三者としての視点」を伝え，顧客の納得を得られるように業務を行うことが，顧客「納得度」を高め，高品質の監査の実施につながると考える。

5. 利害関係者に対する監査人の姿勢の観点から見た監査品質

（1）利害関係者の期待と監査人の説明

究極の顧客であり経営を委任している投資者が持つ「この監査で財務諸表を見誤るような不正や誤謬は発見されるのか？」という期待や疑問に，前述3.（1）のような数値を列挙することによって，すべて応えることは困難だろう。なぜなら投資者は被監査会社の内部統制の水準を知る術がなく，監査人が説明しなければ監査時間の十分性や監査チーム編成の適切性等を評価し，「これくらいなら発見できそうだ」という「感触」を持つことは容易ではないからである。

一方，監査の指導・助言機能は数値化が困難であるだけではなく，文書による説明も難しい。実際に行った自らの業務のうち，何が「指導・助言機能」に該当するのか，という定義付けや切り分けも難しい。さらに，財務諸表監査の基礎である「二重責任の原則」を形式的にあてはめれば，財務諸表作成者が最も高い監査品質だとする「会社とともに検討し導き出すこと」は当該原則に反し，実施不可能である。

しかし，それらは監査人が長い間，そのような説明不足の状況を放置するだけでなく，技術論だけを挙げて「監査ではすべての不正を発見できない」と言い放ってきたことの結果であるとも考えられる。もちろん，会計不正が表面化した際「監査人は何をしていたのか？」と問われ，説明も申

46

利害関係者に対する監査人の姿勢の観点から見た監査品質　**第2章**

し開きもできない現状の制度の枠組みにおいては，いかんともしがたい部分も少なくない。さらに，会計不正が起きなければ財務諸表監査が省みられることも少ない。

　それでもやはり，投資者が監査サービスの十分性や適切性を評価することなく，監査の過程に思いをめぐらせることもなく，「粉飾決算の顕在化＝監査品質が低いことの証明」と捉えるようになってしまった最大の原因は，長期にわたる監査人の説明不足と理解を得る努力の不足と考えられる。「どうせ，理解されない」という監査人の諦めと思い込みが，投資者の監査への理解度向上を妨げ，さらに期待水準を下げていると考える。

　現状，投資者の求める監査の「品質」とは，唯一「粉飾を見逃さないこと」だといっても過言ではない。しかし結果論で，それはできていない。

　また，財務諸表の信頼性は監査だけで確保するものではない。「投資者を騙そう」という経営者が作成した"信頼性ゼロ未満"の財務諸表にいくら監査がプラスの信頼性を掛け合わせても，結果はマイナスが拡大するだけだ。

　だからこそ監査人は「粉飾を見逃さないために何をしようとしている（した）のか」を説明する必要があると考える。被監査会社というもう1つの顧客の内情に対する理解，それを踏まえた姿勢や取組み方，そして判断の過程と結果について，今まで以上に究極の顧客である投資者に対する説明が必要だろう。数値だけでは監査業務の実態を把握することに十分でないと考えるなら，数値を開示し，その開示が投資者にとって有用なものとなるよう，少しずつ説明を加え，隙間を補っていく。それを積み重ねることではじめて，「数値で表せない」期待を監査の実態に合ったものに向け，結果論だけではないという「納得」感を投資者に持っていただけるのではないか。

　開示媒体についても，監査事務所全体の事項については監査品質に関する報告書を利用することは容易であると考えられ，その他個別の業務についても，監査報告書の長文化・透明化に合わせて記載したり，顧客名が特

47

第Ⅰ部　監査の現場から見た監査品質の課題

定されないような工夫をすることで，情報として投資者等に提供することは可能だと考える。

（2）監査品質を高める「性能」と「伝える力」

企業が製品やサービスを販売する際，ただ店先に並べたり，ホームページに写真を掲載したりするだけ，などということは，よほどの「売り手市場」でなければ稀なことだろう。売上を伸ばすためには，製品やサービスの質を高めることはもちろん，顧客に対して「なぜ，その製品やサービスを購入する必要があるのか？」あるいは「なぜ，その製品やサービスにそれだけの対価を支払うことが適切なのか？」を様々な形で問いかけ，そしてシナリオ，ストーリー，コンテキストを用いて働きかける。高額な「高品質」な製品やサービスほど，その傾向は強くなると考える。

監査について同様に考えることは，自然であろう。監査も経済学的にはサービスにほかならず，少なくない報酬をいただいて業務を行っている。だからこそ3.（1）で挙げた各種数値によって表される事項と会計，開示および監査の基準の理解やそれらを実務に適用する際の適切さといった監査人の「性能」を高め，3.（2）で整理した当該「性能」の維持・検証を品質管理基準に則って継続して行うとともに，さらに4.で述べた財務諸表作成者や投資者が納得できるよう監査人が説明を尽くす「伝える力」を発揮し，被監査会社だけでなく多数の利害関係者の納得を得る努力が必要になる。

いくらルールを熟知しても，被監査会社のビジネスが理解できなければ，適切な会計基準の適用も投資者に有用な開示も不可能である。また，ビジネスの変化に監査も対応しなければならず「去年良かったから今年もOK」といった前年踏襲型の実務も思わぬ失敗の原因となる。自らの業務を適切な能力を備えた他の会計士にレビューしてもらい，気付きを得ることは重要である。そして，被監査会社のビジネスを適切な会計と開示の基準を適用し，できる限り投資者の理解と納得を得られるようにする。その

手助けをし，自らが行った業務についても，被監査会社の財務諸表や開示資料と同様に説明するのが監査であるならば，監査品質とは監査人，監査チームや品質管理の「性能」，そして監査人の「伝える力」の和であるということができると考える。

〈参考文献〉

金融庁（2005）企業会計審議会「監査に関する品質管理基準の設定について」『監査に関する品質管理基準の設定に係る意見書』10月28日。

――（2017）監査法人のガバナンス・コードに関する有識者検討会「監査法人の組織的な運営に関する原則」（監査法人のガバナンス・コード）3月31日。

国際標準化機構（2015）「ISO 9001:2015（en） Quality management systems-Requirements」。

税務研究会（2017）「『「会計監査人をどう選ぶか？ 会計監査人に何を求めるか？」アンケート』からみる財務諸表作成者から見た監査実務と課題」週刊『経営財務』3311号，16-20頁。

日本公認会計士協会（2015）監査基準委員会「監査品質の枠組み」（監査基準委員会研究報告第4号）5月29日。

第Ⅰ部　監査の現場から見た監査品質の課題

第2章のテーマに関するディスカッション

（1）本章の論旨

　本章は，「監査の『品質』とは何か」，という問いに対する回答として執筆された論稿である。

　那須氏は，まず，「監査の品質管理」については品質管理基準等が設けられているのに対して，管理の対象となる「監査の品質」の定義については，基準で明確に示されていないことを指摘する。関係者の間で「監査の品質」に対する認識の相違があれば，期待ギャップの解消は望めないとするとともに，「監査の品質」は，監査業務実施者側が一方的に定義するものではなく，本来は監査人と被監査会社，あるいはサービス提供者と受益者という視点から検討され，共通の理解・認識として確立していくべきものと論じられている。

　そのうえで，那須氏は，企業会計審議会の「監査に関する品質管理基準」や日本公認会計士協会による研究報告「監査品質の枠組み」を検討し，これらの監査規範から読み取れるのは，「職業専門家の業務として不正や重要な誤謬を見逃さないために定められた手続を行うことに加え，被監査会社の実態に即した指導や助言を行うことで投資情報の有用性を向上させることが，高品質の監査である」という点であるとしている。さらに，那須氏は，監査以外の事業における品質尺度として，自動車の品質性能を示す数値情報や，ISO9001品質マネジメントシステム等を取り上げ，前述の品質管理に関する基準の考え方と比較検討している。

　続いて那須氏は，前述の監査品質の定義は関係者との共通認識において確立すべきという観点から，那須氏が税務研究会とともに実施した財務諸表作成者に対するアンケート調査を基に論じていく。それによれば，財務諸表作成者が考える「監査の品質」として8割の回答を得たのは，「最適

50

な会計処理や開示の方法を会社とともに検討し導き出すこと」であったとし，財務諸表作成者としては，不正や誤謬の発見は監査品質を表すものではなく，当然の責務と捉えていると論じている。また，十分な説明を受けていると感じている回答者は，監査責任者自体に満足しているという。

こうした調査結果を踏まえて，「『粉飾決算の顕在化＝監査品質が低いことの証明』と捉えるようになってしまった最大の原因は，長期にわたる監査人の説明不足と理解を得る努力の不足と考えられる」という。粉飾決算を見逃さないことは，結果としてできておらず，また監査人だけに原因を帰すべきものでもない以上，「監査人は『粉飾を見逃さないために何をしようとしている（した）のか』を説明する必要がある」と論じられている。

最終的に，那須氏は，結論として，「監査の品質とは監査人，監査チームや品質管理の『性能』，そして監査人の『伝える力』の和であるということができる」と述べている。

以上のような那須氏の「監査の品質」の定義を試みる姿勢は極めて真摯であるとともに，興味深いものといえよう。

（2）検討すべき課題

従来，監査品質は，公共の利益（public interest）の観点から，財務諸表利用者の立場，あるいは，それを制度として管轄する監査規制当局の立場から論じられることが多かったように見受けられる。しかしながら，那須氏も指摘するように，監査をサービスの一種と捉えれば，その受け手は，財務諸表利用者とともに，企業ないし企業経営者も挙げることができる。それどころか，監査サービスを直接に受けるのは企業の経理担当者たちであり，監査の機能として，事後的に財務諸表の適正性を判断するだけではなく，事前に彼らに対して指導を行い，最終的に公表される財務諸表の適正性を確保することを重視する立場もある（たとえば，松本（2010））。

那須氏が実施したアンケート調査は，あまり顧みられることの多くない財務諸表作成者にとっての監査品質の受け止め方を指摘した点に意義があ

第Ⅰ部　監査の現場から見た監査品質の課題

るといえよう。

　ところで，DeAngelo（1981）以来，監査研究においては，監査品質は，外部からは直接捕捉できないと言われてきた。しかしながら，捕捉できないことと定義できないこととは異なる。定義を試みるにあたって考慮しなければならない点としては，以下の点が挙げられよう（町田，2018）。

① 監査はサービスであることから，その品質は，基本的に利用者，サービスの受け手の評価に依存する。

② 監査というサービスは，被監査企業によって購入されると同時に，最終的な受益者は，監査によって信頼の程度が高められた財務諸表を利用する株主や投資家である。

③ 財務諸表利用者は，監査サービスを直接評価する機会はなく，監査の失敗が生じた際に，事後的に監査の結果をもって監査サービスの品質を知ることとなる。しかしながら，監査によって得られる保証は，合理的な保証，すなわち絶対的ではないが相当程度高い保証に留まるのである。監査がかかる限界を有している以上，結果から監査品質を評価することは必ずしも適切ではない場合がある。

④ 監査は，監査の実施プロセスにおいて，数多くの虚偽表示を発見し，それらの是正を被監査企業側に求めるなど，いわゆる指導的機能を発揮している。当初から適正な財務諸表に対して監査人が何も指導性を発揮しない場合と，有能な監査人が数多くの不適切事項を発見し指摘して，財務諸表を適正な状態にしてから開示する場合とでは，開示される財務諸表は同じであっても監査品質は異なるのではないか。

⑤ 監査が被監査企業と監査人との間の自由契約に委ねられている以上，監査サービスの直接の受け手である経営者および被監査企業によるサービスの評価は避けて通れない。

　以上のような点を考慮すると，監査品質を財務諸表利用者側からのみ捉えることは，必ずしも十分な定義を導くとは言えないように思われる。その点で，那須氏の財務諸表作成者側からの視点の提起は，興味深いものと

いえよう。

とはいえ，上記の点に鑑みれば，いくつかの課題も残されているように思われる。

第1に，「監査の品質とは監査人，監査チームや品質管理の『性能』，そして監査人の『伝える力』の和である」と定義した場合に，「性能」にあたる部分は，監査人や監査チームの備えている能力だけで良いのか，という点である。能力があってもそれが十全に発揮されないことこそが，会計監査の在り方に関する懇談会の提言やグローバルな監査規制における課題なのではなかろうか。

第2に，「伝える力」について，どのように捕捉するのか，という問題である。真っ先に思いつくのは，企業の経理担当者や経営者に対して，自らの説明力を高めること，および「監査上の主要な検討事項」等によって監査報告書において監査意見の説明情報を提供することであろう。これらをどのように評価するのか，という問題でもある。さらに，監査の種類によっては，不特定多数の財務諸表利用者を想定した場合に，伝える力は，「監査の有効性」という表現をもって，結果責任に帰着されてしまうのではないか，とも思われる。

これらの課題については，筆者たち研究者をも含む，さらなる検討事項と認識している。

〈参考文献〉

DeAngelo, L.E.（1981）Auditor Size and Audit Quality, *Journal of Accounting & Economics*. 3（3），pp.183-199.

町田祥弘（2018）『監査の品質—日本の現状と新たな規制—』中央経済社。

松本祥尚（2010）「監査業務における指導機能の独立性侵害可能性」『現代監査』20号，44-53頁。

第3章

海外との比較におけるわが国の監査品質の向上に向けた課題

「日本の監査品質は低いのですか?」

〈執筆者〉

和久 友子（有限責任 あずさ監査法人・パートナー）

〈ディスカッション〉

町田 祥弘（青山学院大学大学院・教授）

第Ⅰ部　監査の現場から見た監査品質の課題

1. 監査の国際化とわが国の監査品質に与える影響

　企業活動や投資活動の国際化にともない，監査の国際化が進んでいる。こうした状況においては，ある地域の監査品質を改善するための取組みがその地域だけでは完結せず，グローバルに波及し影響を与えることになる。このため本章では，海外の動向を踏まえて実施された，わが国における監査品質を向上させるための取組みを振り返るとともに，海外との比較の観点から，わが国の監査の品質向上に向けた課題を考察することとしたい。

2. わが国におけるこれまでの 監査品質向上のための取組み

（1）会計基準と監査基準のコンバージェンス

①レジェンド問題

　国際的な観点から，わが国公認会計士監査制度の信頼性確保に関する課題が見出されるようになったのは，1990年代の後半以降のことである。バブル経済崩壊後の橋本政権下，大蔵省の企業会計審議会により，退職給付会計，税効果会計，金融商品会計，固定資産の減損会計等に関する会計基準の設定，連結財務諸表原則，外貨建取引等会計処理基準の整備が行われ，「会計ビッグバン」と称された。その後1999年から2003年にかけて，いわゆるレジェンド問題（Legend Clause）が発生した。

　当時，日本の監査法人の提携先のビッグ5といわれる世界五大会計事務所が，わが国企業の英文財務諸表に添付される日本の監査法人の英文監査報告書および財務諸表注記に，いわゆるレジェンド文言（警句）を付けることを要求した。典型的な事例は，監査報告書上の適用監査規範への言及では，わが国の監査基準，手続および実務に従っていることを強調し，財務諸表の注記の「財務諸表作成の基準」においては，財務諸表作成の基礎

56

は，わが国で一般に公正妥当と認められる会計基準および実務に従っており，この会計基準および実務には，国際財務報告基準の適用および開示要件とは異なるものがあるとする。財務諸表は，わが国以外の国または法域で一般に公正妥当と認められた会計原則および実務に従って作成された財政状態，経営成績およびキャッシュフローを示すことを意図したものではない旨の文言が挿入されている例もあった（日本公認会計士協会，2017，第3章2．（1））。

　ここで問われたのは，わが国の会計基準および監査基準の質であった。これを契機に，会計基準および監査基準のコンバージェンスが進むこととなった。

②会計基準のコンバージェンス

　2001年に，経済取引・企業活動の高度化，複雑化，国際化等の急速な変化に的確に対応しつつ着実な基準整備を行っていくため（金融庁，2000，2），会計基準設定権限が企業会計審議会から，財務会計基準機構の企業会計基準委員会に移された。

　国際財務報告基準（International Financial Reporting Standards: IFRS）をめぐっては，2002年に米国財務会計基準審議会（Financial Accounting Standards Board: FASB）と国際会計基準審議会（International Accounting Standards Board: IASB）の間でノーウォーク合意が締結され，コンバージェンス・プロジェクトが開始された。企業会計基準委員会とIASBに関しては，2005年に，現行基準の差異を可能な限り縮小し，高品質な会計基準への国際的なコンバージェンスを推進するための共同プロジェクトを開始し，2007年にコンバージェンスを加速することが合意された（東京合意）。東京合意に基づき，国際基準とのコンバージェンスが進められ，工事契約，企業結合（持分プーリング法の廃止等），資産除去債務，棚卸資産の評価，金融商品の時価開示，賃貸等不動産の時価開示等の会計基準の設定，改正が行われた。

第Ⅰ部　監査の現場から見た監査品質の課題

　また，欧州連合（European Union: EU）は，2005年からEU域内の上場企業の連結財務諸表についてIFRSの適用を義務付け，同市場での資金調達を行うEU域外企業に，IFRSまたは同等な基準の適用を義務付けた。このため，欧州証券規制当局委員会（Committee of European Securities Regulators: CESR）がIFRSと同等な基準であるかどうかの評価を行うこととなり，2008年3月に，企業会計基準委員会による東京合意に基づくコンバージェンスの作業の進捗を前提に，日本の会計基準についてはIFRSと同等であると評価した。これを受けて欧州委員会（European Commission: EC）は，同年12月に，米国会計基準とならび，日本の会計基準について「EUで採用されているIFRSと同等である」とする内容の最終決定を行った。

　こうして日本基準は，国際的な会計基準との間で整合性が確保されるに至った。現在も企業会計基準委員会において，日本基準を高品質で国際的に整合性のあるものとするなどの観点からの取組みが継続的して続けられている。

③監査基準のコンバージェンス

　監査の基準については，2002年に将来にわたっての公認会計士監査の方向性を捉え，また，国際的にも遜色のない監査の水準を達成できるようにするための基準を設定することを目的として（2002年改訂監査基準前文二），10年振りに改訂が行われた。その内容は，監査の目的の明確化から，職業的懐疑心の保持の強調や不正等に起因する虚偽の表示への対応等の監査人に求められる要件の徹底のほか，リスク・アプローチの明確化，監査上の重要性，内部統制の概念，継続企業の前提に関する検討等の監査の実施に関する事項の改訂，監査意見や監査報告書の書式の改訂に至るまでの全面改訂であった。

　また2005年には，当時の証券取引法（現：金融商品取引法）上のディスクロージャーをめぐり不適正な事例が相次いだこと，公認会計士・監査審

58

査会のモニタリングの結果等からは，リスク・アプローチが適切に適用されておらず，その改善が求められる事例が多数見受けられたこと，国際的にもリスク・アプローチの適用等に関する基準の改訂が精力的に進められていたことから，事業上のリスク等を重視したリスク・アプローチの導入等のために監査基準が改訂された。これとあわせて，監査の品質管理の具体化・厳格化を図るため，監査に関する品質管理基準（品質管理基準）が策定された。品質管理基準は，公認会計士による監査業務の質を合理的に確保するためのものであり，監査基準とともに公正妥当と認められる監査の基準を構成し，監査基準と一体となって適用されるものである。本改訂は，当時，国際的にも品質管理に関する基準の改訂が進められており，こうしたことにも対応するものであった。

　2009年6月には，証券監督者国際機構（International Organization of Securities Commissions: IOSCO）が「国際監査基準に関する声明」（Statement on International Auditing Standards）を公表し，各国の証券規制当局に対し，クロスボーダーでの公募および上場における，国際監査基準（International Standards on Auditing: ISA）に基づく監査の受入れや国内向けの監査の基準の設定にあたってのISAの考慮を促した。これを受けて，わが国においてもISAの動向を踏まえて，監査基準の改訂が進められた。

　日本公認会計士協会は，2011年12月にIAASBが公表したクラリティ版のISAと国際品質管理基準（International Standard on Quality Control : ISQC）の合計37本を参考に，品質管理基準委員会報告書および既存のすべての監査基準委員会報告書を，新起草方針に基づく監査基準委員会報告書[1]に置き換える作業を完了した（日本公認会計士協会，2011）。それ以来，構成，付番も含め，監査基準委員会報告書等は，ISAにほぼ準拠した内容

---

1. 新起草方針に基づく改正は，クラリティ版のISAと同様に，各報告書について，①報告書の構成を監査上の「要求事項」とその解釈にあたる「適用指針」とに区別すること，②個々の報告書の目的を明確化すること等の方針に基づき，わが国における監査基準をはじめ監査を取り巻く環境をも踏まえたうえで，新たな報告書を策定または既存の報告書を全面的に書き換えるものである（日本公認会計士協会，2001）。

第Ⅰ部　監査の現場から見た監査品質の課題

を備えている。

（2）監査に対する規制の強化

①公認会計士法

米国では，エンロン社，ワールドコム社等の不正会計事件を背景として2002年に「企業改革法」（Sarbanes - Oxley Act of 2002）が成立した。欧州でも，EU域内における法定監査の品質向上の観点からの対応が行われた。37年振りに改正された2003（平成15）年公認会計士法は，こうした国際的な動向等も踏まえた抜本改正であった。それにより，①公認会計士の使命・職責の明確化，②監査人の独立性の強化，③公認会計士・監査審査会の設置，④試験制度の見直しおよび⑤指定社員制度の導入がなされた。

②については，監査法人内部において同一の公認会計士が一定期間以上同一企業を担当することを禁止する交代制の導入等が行われた。③については，1999年から自主規制として日本公認会計士協会の品質管理レビューが実施されてきた。米国でもエンロンやワールドコム等の不正会計事件が発生し，その対抗措置として準公的機関である公開会社会計監督委員会（Public Company Accounting Oversight Board: PCAOB）が設置されたことを受け，品質管理レビューが法的に位置付けられることとなり（公認会計士法46条の9の2第1項），従来の公認会計士審査会は，公認会計士・監査審査会に改組され（同35条），日本公認会計士協会による品質管理を監督する仕組みとなった。

その後，2005年にはカネボウの粉飾決算と中央青山監査法人とその関与社員による虚偽の監査証明の事件が発生したことなどから，2007（平成19）年には，国際的な動向も踏まえ，①監査法人の品質管理・ガバナンス・ディスクロージャーの強化，②監査人の独立性と地位の強化および③監査法人等に対する監督・責任の在り方の見直しが行われた。

②会社法

　上述の2007（平成19）年改正公認会計士法は，衆参両院において次のような附帯決議が付されていた。

　「一　財務情報の適正性の確保のためには，企業内におけるガバナンスの充実・強化が不可欠であることにかんがみ，監査役等の専門性及び独立性を踏まえ，その機能の適切な発揮を図るとともに，監査人の選任議案の決定権や監査報酬の決定権を監査役等に付与する措置についても，引き続き検討を行い，早急に結論を得るよう努めること。」

　これを受ける形で，2014（平成26）年会社法では，監査役（会）設置会社において，株主総会に提出する会計監査人の選任および解任ならびに会計監査人を選任しないことに関する議案の内容は，監査役（会）が決定することとされた（会社法344条１項・３項）。他方，監査報酬についての決定権についての見直しはされておらず，執行がその権限を有する。

　これとあわせて，コーポレートガバナンス・コードにより，監査役等に，監査人の評価・選定するための基準の策定と，監査人に求められる独立性と専門性を有しているかの確認が定められた（補充原則３-２①）。

3. わが国の会計監査の実務上の課題

　前述のとおり，会計基準，監査基準，関連法令等，会計監査を実施するためのインフラである財務報告に関する法令，枠組み，規範・規制は，国際的な整合性にも配慮しつつ，相当程度整備されてきた。東芝の不正会計事件を受け，金融庁が2016年に公表した「提言―会計監査の信頼性確保のために―」（「提言」）においても，不正会計問題への対応に際しては，いたずらに規制・基準を強化するのではなく，その費用と便益を検証しつつ，問題の本質に焦点を当てた対応を取るべきとの認識のもと，①監査法人のマネジメントの強化，②会計監査に関する情報の株主等への提供の充実，③企業不正を見抜く力の向上，④「第三者の眼」による会計監査の品質チ

ェック，⑤高品質な会計監査を実施するための環境の整備という5つの柱に基づく施策を提言している（金融庁, 2016, 2）。

以下では，わが国の監査品質向上に向けて，国際的な比較の観点から課題となり得る事項をいくつか取り上げる。

（1）被監査会社における内部監査部門の充実

被監査会社においては，財務報告にかかる内部統制を適切に整備し，適正な財務諸表を作成する責任は企業にある。適正な内部統制やリスク管理体制を強化することが，監査役等の監査の実効性向上のためだけでなく，三様監査の一端を担う監査人の監査品質を向上させるために不可欠である。わが国では，従来，監査役等の独任制により監査役等は自ら監査を行う者といった印象を与える面があること，内部監査部門が法的に担保されたものでなかったことなどから，内部監査は課題がある分野である。上場規則でも，内部管理体制の有効性は上場審査要件とされているものの（東京証券取引所有価証券上場規程207条等），上場維持基準とはされていない。

欧米でも，米国のニューヨーク証券取引所（New York Stock Exchange: NYSE）上場規則において内部監査機能の保有義務が規定されている（NYSE Rule 303A.07.（c））ほかは，企業に対して内部監査部門の設置義務は課せられていないが，内部監査人協会（The Institute of Internal Auditors: IIA）等が提示するガイドラインやベストプラクティスに従って内部監査部門を設置している企業が多い（日本監査役協会, 2017a, 8）。

コーポレートガバナンス・コードでは，取締役会および監査役会に対する，内部監査部門との十分な連携の確保に関する規定はあるが（補充原則3—2②（ⅲ），4—13③），内部監査部門の設置そのものについての規定はない。このため，わが国でも内部監査部門の充実を図るため，コーポレートガバナンス・コード等においても内部監査部門の役割や位置付けを規定することを検討することも一案と思われる。

（2）監査人と監査役等との連携強化

　監査の利害関係者との関係性も監査品質に影響を及ぼす。とりわけ監査人がコミュニケーションを取るべき，被監査会社の統治責任者である監査役等（日本公認会計士協会監査基準委員会報告書260「監査役等とのコミュニケーション」9項（2））との連携強化は監査品質向上のために重要な課題である。

　2005（平成17）年に，証券取引法（現 金融商品取引法）により，有価証券報告書の「コーポレート・ガバナンスの状況」の記載事項の一部として，監査役等と監査人との相互連携の記載が義務付けられるとともに，同時期に制定された会社法において会計監査人の報酬等の同意権が付与されたことなどを契機に，公益社団法人日本監査役協会と日本公認会計士協会の連名で共同研究報告が公表され（日本監査役協会・日本公認会計士協会，2013），監査役等と会計監査人との連携に向けた機運が高まった。その後，2013年の不正リスク対応基準の新設および監査基準の改訂を経て，2014（平成26）年会社法改正により会計監査人の選解任等議案の決定権が監査役に移り，コーポレートガバナンス・コードにおいて監査役等に対し会計監査人の選定・評価基準の策定が求められ，監査役等が主体的に会計監査人の選定・評価を実施することとなった。また，日本公認会計士協会の品質管理レビューや，公認会計士・監査審査会の検査の結果や対応策を含め，監査人の事務所レベルの品質管理体制についてコミュニケーションを行う実務が行われるようになり（日本公認会計士協会監査基準委員会報告書260「監査役等とのコミュニケーション」15-2 項），これまでの監査人と監査役等との連携の実務に大きな変化をもたらした。

　他国においても，監査役等と同様の権限を有する監査委員会（Audit Committee）と監査人との連携強化は重要な課題となっている。

　監査監督機関国際フォーラム（International Forum of Independent Audit Regulators: IFIAR）は，2017年4月7日に，「監査委員会と監査品

第Ⅰ部　監査の現場から見た監査品質の課題

質：そのトレンド及び追加検討の余地のある領域」（Audit Committees and Audit Quality: Trends and Possible Areas for Further Consideration）と題する報告書を公表した。本報告書では，監査委員会の現状について理解を促進するための情報提供のほか，監査の品質改善のために監査委員会の役割を強化する可能性がある，問題点の提起や追加検討の余地がある領域の識別がされている[2]。

　たとえば，次のような領域において，監査監督当局，監査委員会，株主，監査事務所によるさらなる検討，議論および研究が有用となる可能性があるとしている（IFIAR, 2017, 3）。

- 監査委員会の独立性，専門的な技能および知識を定義し，決定付ける要件を定めることが望ましいかどうか
- 監査委員会が，監査人の評価を適切に行うことを可能とするために，次の事項が有用かどうか
  - ・監査人が監査品質の問題に取り組むようにするために，監査委員会が利用することができる監査品質の指標（Audit Quality Indicators：AQI）を設けること
  - ・独立した監査の監督規制当局が実施した法定監査の品質管理レビューでの指摘事項について，監査事務所と監査委員会が協議することを要求すること
  - ・監査人の定期的な評価に関して期待されることを，より詳細に定めること

---

2. IOSCO が最近実施した調査によれば，監査委員会に関する世界の要求事項について，以下のとおり共通事項がある（IFIAR, 2017）。
① 上場企業に監査委員会（または同様のガバナンス機関）を設置することが義務付けられており，監査委員の独立性，専門的な技能および知識に関する要求事項も定められていること。
② 監査委員会が，外部監査人の選任，監査報酬の決定および監査人の定期的な評価に対し責任を有するか，少なくともその主体的な役割を果たさなければならないこと。
③ 監査委員会が，被監査会社に対する非監査サービス（特定の税務やアドバイザリーサービスを含む）についての方針を定め，その業務を監督しなければならないこと。
④ 監査委員会と監査人との間で有効なエンゲージメントおよびコミュニケーションを行うことが奨励されていること。

・監査委員会に対し，自身の経験や会社の経営者からの情報（これら
は網羅的および客観的とは限らない）以外の情報も利用するよう求
めること

● 監査人の選任に株主を関与させるかどうか

● 監査事務所が監査品質に重点を置くよう促すための1つの方策として，
投資家を監査委員会に関与させるかどうか

● 監査監督当局，監査事務所および株主から監査委員会へのコミュニケー
ションは，どのように監査品質の向上に役立てられるか

● 監査委員会が様々な責任を遂行するにあたり，コンプライ・オア・エ
クスプレインの概念を適用するか（たとえば，監査の不備が発覚した
場合）

以下に，上記を参考に，わが国における課題を考察する。

①監査役等の独立性，専門性，多様性の確保

監査人と監査役等のコミュニケーションの実質を上げるためには，監査
役等に財務・会計の知見がある者を起用することが重要である。「提言」
を受け，現在，企業会計審議会において，いわゆる「監査報告書の透明化」
の議論が進められているが，これが適用されるようになれば，監査人と監
査役等のさらなる連携が必要となる（2018年4月現在）。監査報告書の透
明化とは，監査人の監査報告書において財務諸表の適正性についての意見
表明に加え，「監査上の主要な検討事項（Key Audit Matter: KAM）」と
いわれる，たとえば，のれんや固定資産の減損，収益認識における不正，
税効果会計，金融商品・投資の評価等，監査人が着目した会計監査のリス
クなどを記載することをいう。監査上の主要な検討事項は，監査人の職業
専門家としての判断において，当年度の財務諸表監査で特に重要な事項を
いい，統治責任者（Those Charged with Governance）（わが国でいえば
監査役等）にコミュニケーションを行った事項の中から選択されることに
なり，これまで以上に監査人との間で会計監査のリスクについてコミュニ

ケーションを行うことが重要になる。

わが国では，事業報告に監査役等が財務および会計に関する相当程度の知見を有している場合[3]にはその旨を記載することとし（会社法施行規則121条9号），また，コーポレートガバナンス・コードでは，監査役の中に財務・会計の知見を有している者が一名以上選任されるべきとしている。

近年，上場会社のほとんどが財務・会計に関する知見を有する監査役等を置いており，複数を置く会社の比率も増えてきている[4]。監査人の立場からは，このような傾向については歓迎すべきことであるが，財務・会計の知見の内容には幅があり，どこまで実効性あるものとなっているかは定かではない。このため，監査役等の職務を遂行するために求められる財務・会計の知見の内容をより具体的に定めるか，会社が詳細に開示することも重要と考える。また，監査役等が会計監査人の選解任等議案の内容の決定（会社法344条1項・3項）や会計監査人の監査の方法および結果の相当性に関する意見を表明すること（会社計算規則127条）からは，監査の知見についても必要であり，その点を明確化すべきと思われる。

さらには，監査役等の中でその他の分野の専門性も含め多様性を追求することが，監査役等の独立性を高めることにつながるものと思われる。

②監査役等による監査人の評価および監査人への期待の明確化

監査役等が監査人の評価を適切に行うため，監査品質の指標（Audit Quality Indicators）の設定は，客観的な監査品質の評価を可能とする可能性があり，監査人との，背景情報も含む幅広く詳細なコミュニケーションを通じ，監査品質を向上させる効果が期待できる。

また，評価にあたっては，監査役等の監査人への期待事項を明確にする

---

3. 公認会計士，税理士等の会計に関する法的資格を有する場合，簿記等の会計に関する資格を有する場合，企業の会計に関する事務に携わったことがある場合等をいう（相澤ほか，2006, 442）。

4. 上場会社である監査役（会）設置会社のうち，事業報告に財務・会計の知見がある者の記載を行っている割合が93.1％，当該知見者を複数置いている会社は，3名以上が46.0％，2名が25.0％である（日本監査役協会，2017b, 43）。

海外との比較におけるわが国の監査品質の向上に向けた課題　第3章

こともきわめて有効である。企業の規模や業種・業態，事業環境等により監査役等が監査人に期待する事項は変わり得ることから，通り一遍の評価ではなく，どの点を重視するかなど監査人への期待を明確かつ具体的に伝えることが監査品質の向上につながるものと思われる。また，その際，経営者だけでなく，株主・投資家をはじめとして幅広く利害関係者とコミュニケーションを行うことも有用であろう。

（3）適正な財務報告スケジュールの設定

　欧米諸国に比較して日本の監査報酬・時間が少ないことはよく指摘されている。たとえば，米国の上場企業の監査報酬は，日本企業の2倍ないし3倍に相当する状況にあるとされている（監査人・監査報酬問題研究会，2017, 38）。また，諸外国では決算日後60日程度で年次報告書が作成され，それに対して監査証明が付されるが，わが国では，決算日後40日程度で会計監査人の会社法の監査報告書が出され，金融商品取引法の監査報告書は85日程度で出されており，特に会社法監査期間の短さが指摘されている（経済産業省，2015, 図表3-8, 25）。

　それでも欧米諸国と同じ品質の監査を提供できているのであれば，監査報酬・時間が少ない分，日本の監査は効率的であり，財務諸表利用者の観点からは高品質な監査といえるかもしれない。その一方で，国際的なネットワークで同じ監査マニュアルに則って監査しているにもかかわらず，監査時間が少ないということは，監査手続が省略されており，その分監査品質が低いのではないかという指摘もある（脇田ほか，2016, 町田発言，73）。あるいは，財務諸表作成者の状況は様々であり，規模，業種・業態はもとより，コーポレート・ガバナンス，組織形態，構成員等による違いが原因となっている可能性もある。その場合でも，具体的にどういうことが要因となって他国との監査品質の差異となって表れているかは定かではなく，監査品質を客観的に評価できない状況では，監査報酬・時間の少なさが監査品質に影響を及ぼす可能性を完全に否定することもできない。

67

第Ⅰ部　監査の現場から見た監査品質の課題

　個別企業の監査品質は，個々の監査チームの構成員の資質や職業的懐疑心の発揮の程度によるところが大きい。したがって，総体的に監査の品質向上のためには個々の監査人が能力を発揮しやすい環境整備が必要である。そのためには各企業それぞれがその状況に応じ，会計監査人による監査期間を設定できるようにする必要がある。ただし，各社レベルの取組みに任せても，関係者の理解を得ることの難しさ，横並び意識等から，わが国では進展があまり期待できないことから，3月決算会社の7月総会等，定時株主総会の開催日の後ろ倒しも含め，各社の実情に見合った財務報告スケジュールを策定するといった企業による自主的な取組みを後押しする国レベルでの取組み[5]がさらに進むことが望まれる。

4. 結論

　監査品質向上のためには，単純に会計基準や監査の基準を強化すれば済むという問題ではなくなりつつある。海外での取組みを踏まえると，被監査会社における内部監査部門の充実，監査人と監査役等との連携強化，適正な財務報告スケジュールの設定といった課題があると考えられる。企業の財務報告の関係者それぞれが，監査品質に関心を持ち，主体的に監査の実効性を高めるための取組みを進めるとともに，相互に協働し，好影響を与え合う関係を構築できるか，今まさにその岐路に立っているように思われる。

〈参考文献〉

International Forum of Independent Audit Regulators（2017）*Audit Committees and Audit Quality: Trends and Possible Areas for Further Consideration.*

5.　たとえば，国レベルでの取組みの1つとして，平成29年度税制改正により，決算日から3か月を超えた日に定時株主総会を開催する場合，定時株主総会後に法人税の確定申告を行うことを可能とする特例が講じられ，2017年4月18日に経済産業省より「法人税の申告期限延長の特例の適用を受けるに当たっての留意点」が公表されている。

April 7th, 2017.

International Organization of Securities Commissions（2002）*Principles of Auditor Independence and the Role of Corporate Governance in Monitoring an Auditor's Independence.* October.

International Organization of Securities Commissions（2009），*Statement on International Auditing Standards.* June 11.

相澤哲・葉玉匡美・郡谷大輔（2006）『論点解説　新・会社法―千問の道標―』商事法務。

池田唯一・三井秀範監修，大来志郎・野崎彰・町田行人（2009）『新しい公認会計士・監査法人監査制度』第一法規。

伊藤邦雄・尾崎安央総監修，経済産業省監修，あずさ監査法人編（2017）『持続的成長のための「対話」枠組み変革―日本における企業情報開示と株主総会プロセス上の課題―』商事法務。

監査人・監査報酬問題研究会（2017）「2017年版上場企業監査人・監査報酬実態調査報告書」3月31日公表。

金融庁（2000）「企業会計基準設定主体のあり方に関する懇談会」6月29日。

――（2016）会計監査の在り方に関する懇談会「提言―会計監査の信頼性確保のために―」3月8日。

経済産業省（2015）「持続的成長に向けた企業と投資家の対話促進研究会報告書～対話先進国に向けた企業情報開示と株主総会プロセスについて～」4月23日。

財務会計基準機構（2016）企業会計基準委員会「中期運営方針」8月12日。

日本監査役協会（2017a）「監査役等と内部監査部門との連携について」1月13日。

――（2017b）「役員等の構成の変化などに関する第17回インターネット・アンケート集計結果（監査役(会)設置会社版）」5月10日。

日本監査役協会・日本公認会計士協会（2013）「監査役等と監査人との連携に関する共同研究報告」11月7日。

日本公認会計士協会（2011）監査基準委員会「新起草方針に基づく監査基準委員会報告書等の概要について」12月22日。

――（2015）監査基準委員会「監査品質の枠組み」（監査基準委員会研究報告第4号）5月29日。

――（2017）「我が国のIFRSの取り組み」。

野村昭文（2017）「監査法人の組織的な運営に関する原則」（監査法人のガバナンス・コード）の概要」『月刊監査役』670号，158-167頁。

羽藤秀雄（2004）『新版公認会計士法―日本の公認会計士監査制度―』同文舘出版。

町田祥弘（2013）「会計監査の質―不正への対応の視点から―」『會計』183巻3号，

第Ⅰ部　監査の現場から見た監査品質の課題

59-73頁。

脇田良一・斎藤静樹・田原泰雅・森公高・引頭麻実・町田祥弘（2016）「会計監査の信頼性をいかに確保するか―『会計監査の在り方に関する懇談会』提言を受けて―」『企業会計』68巻7号，55-76頁。

第3章のテーマに関するディスカッション

（1）本章の論旨

　本章は，「海外の監査に比べてわが国の監査は質が低いのか」という問いに対する回答として執筆された論稿である。

　和久氏は，まず，企業活動や投資活動の国際化の中で進展してきたわが国の監査の国際化，あるいは共通化の経緯を振り返ったうえで，わが国の「会計基準，監査基準，関連法令等，会計監査を実施するためのインフラである財務報告に関する法令，枠組み，規範・規制は，国際的な整合性にも配慮しつつ，相当程度整備されてきた」と総括する。

　そのうえで，海外との比較の観点から，わが国の監査の品質向上に向けた課題として，（1）被監査会社における内部監査部門の充実，（2）監査人と監査役等との連携強化，および（3）適正な財務報告スケジュールの設定を挙げている。

　（1）については，わが国では，監査の品質向上に向けて三様監査の連携を考えたときに，内部監査に課題があるとする。実際，わが国の上場規則では，内部監査部門，内部管理体制の有効性は上場審査要件とされているものの，上場維持基準とはされていないことから，和久氏は，コーポレートガバナンス・コードにおいて，内部監査部門の設置を求めることも含め，内部監査部門の役割や位置付けを規定することを提案している。

　（2）については，和久氏は，「監査人と監査役等のコミュニケーションの実質を上げるためには，監査役等に財務・会計の知見がある者を起用することが重要である」として，監査役等の職務を遂行するために求められる財務・会計の知見の内容をより具体的に定めたり，会社が詳細に開示したりすることを提案している。また，監査役等が監査人を適切に評価するために，監査品質の指標（AQI）の設定を行ったり，監査人に対する期待

第Ⅰ部　監査の現場から見た監査品質の課題

事項を明確にしたりすることが，監査品質にとって重要であるという。

（3）については，欧米諸国に比較して日本の監査報酬・時間が少ないことを取り上げ，個別企業の状況はさまざまであるとしながらも，「監査品質を客観的に評価できない状況では，監査報酬・時間の少なさが監査品質に影響を及ぼす可能性を完全に否定することもできない」としている。そのうえで，和久氏は，「個々の監査人が能力を発揮しやすい環境整備」のために，「定時株主総会の開催日の後ろ倒しも含め，各社の実情に見合った財務報告スケジュールを策定するといった企業による自主的な取組みを後押しする国レベルでの取組み」を期待している。

最後に，和久氏は，「監査品質向上のためには，単純に会計基準や監査の基準を強化すればすむという問題ではなくなりつつある」として，関係者それぞれが，「監査品質に関心を持ち，主体的に監査の実効性を高めるための取組みを進めるとともに，相互に協働し，好影響を与え合う関係を構築」することが必要と述べている。

上記の和久氏の主張は明解で，筆者も大きく首肯するものである。

（2）検討すべき課題

本章で論じられているように，わが国の会計および監査の規範は，グローバルに見て遜色がないものと思われる。それどころか，たとえば，オリンパス事件を契機として2013年に新設された「監査における不正リスク対応基準」は，国際監査基準に規定を追加するかたちで，厳格な不正対応の手続を求めているのである。東芝事件を契機として2016年3月に公表された「提言」では，「不正会計問題への対応に際しては，いたずらに規制・基準を強化するのではなく，その費用と便益を検証しつつ，問題の本質に焦点をあてた対応を取るべきである」と総括したうえで，不正事案があとを絶たない要因として，①規制・基準が監査の現場に十分に定着していない，②規制・基準を定着させるための態勢が監査法人や企業等において十分に整備されていない，および③態勢整備がなされているかを外部から適

切にチェックできる枠組みが十分に確立されていない，という点を識別している。

これらのうち，監査法人側において②や③に関するものが，2017年に公表された「監査法人の組織的な運営に関する原則」（監査法人のガバナンス・コード）（「コード」）（金融庁，2017）であると解される。また，本章で，和久氏が取り上げた，内部監査の充実や監査役等との連携強化の課題は，これを企業側から後押しするものと解することもできよう。

他方，①の要因についてはどうであろうか。この点について，筆者は，若干の懸念を有している点がある。筆者の調査（町田，2018, 29-30）によれば2017年3月末時点での上場企業3,651社のうち590社は，中小監査事務所122社が担当している。さらに，1社のみを担当する監査事務所が30事務所，2社を担当する監査事務所が28事務所に及ぶ。こうした状況は，海外にはあまり見られない，わが国の監査の課題であると解される。

というのも，担当企業数が少ないことは，契約を維持しようとするインセンティブに鑑みれば，独立性の侵害リスクを生じさせる。また，大手・準大手法人が，従前から厳しい品質管理体制の下で監査を実施し，今後は，「コード」の採用などによって，一層態勢整備を強化していくなかで，それらの中小監査事務所において，規制・基準の監査現場での定着を図るリソースがあるのだろうか，という疑問が残る。

また，和久氏が取り上げた課題のうち，内部監査の充実と監査役等との連携強化の問題は，本質的には，通底する問題であるように思われる。和久氏が指摘するように，わが国では，監査役等が自ら往査，実査をして監査を行うという意識が強く，内部監査部門や外部監査人を利用して「監査をさせる」するという意識は希薄であったと思われる。

しかしながら，変化もみられる。近年，上場企業において内部統制報告制度が導入されるなどして，企業においても内部統制の考え方が浸透してきたことから，監査役等も，内部統制を通じて監査役監査を実施するようになってきている。日本監査役協会では，内部監査部門の設置義務および

監査役等との連携を法定化することを提言（日本監査役協会，2017）しており，その当否は別としても，実質的に，監査役等のスタッフ機能を内部監査部門に担わせることを期待してるように見受けられる。

　もう一方の外部監査人と監査役等との連携についても，今後，監査報告書に「監査上の主要な検討事項（KAM）」が記載されるようになれば，それは監査役等との間でコミュニケーションを行った事項が基礎となることから，一層の連携が必要となることはいうまでもない。わが国の監査規範は，たしかに国際監査基準と遜色のないものとなったと言われているが，金融庁の公表している「監査基準」には，従来，監査役等との連携にかかる規定は置かれてこなかった。今般の監査報告書の拡充の改革によって状況は大きく変わろうとしている。

　最後に，監査期間の確保については，日本公認会計士協会では，2017年12月8日に会長声明「十分な期末監査期間の確保について」を発出し，監査期間を確保すべく，制度や企業実務に対して働きかけを行っている。

　しかしながら，和久氏の言うとおり，企業側や個々の監査現場の努力には限界がある。筆者には，本問題の本質的な解決には，やはりわが国における会社法の財務報告・監査と金商法の下での財務報告・監査の一元化を図ること，すなわち，有価証券報告書の下での「統合報告」化しかないのではないか，と思われるのだが，いかがだろうか。

〈参考文献〉

金融庁（2016）会計監査の在り方に関する懇談会「提言―会計監査の信頼性確保のために―」3月8日，Ⅱ．会計監査の信頼性確保のための取組み。

――（2017）監査法人のガバナンス・コードに関する有識者検討会「監査法人の組織的な運営に関する原則」（監査法人のガバナンス・コード）3月31日。

日本監査役協会・監査法規委員会（2017）「監査役等と内部監査部門との連携について」1月13日。

町田祥弘（2018）『監査の品質―日本の現状と新たな規制―』中央経済社。

第4章

監査人視点による監査の現場からの実効性向上施策

「監査品質を高めるには，
監査人側では，何が必要ですか?」

〈執筆者〉

會田 将之（新日本有限責任監査法人・シニアパートナー）

〈ディスカッション〉

松本 祥尚（関西大学大学院・教授）

第Ⅰ部 監査の現場から見た監査品質の課題

1. 公認会計士監査の信頼回復に向けた取組み

　2017年3月決算は監査法人業界にとって，第2，第3の東芝問題を起こ
させることのないよう，緊張感をもって臨んだ監査であった。どの監査法
人にとっても，世間を揺るがすような「不適切会計」問題が再び生じたら，
資本市場における公認会計士の存在意義は地に墜ちるとの認識を持ち，期
初から続けてきた監査品質向上努力の集大成として臨んだ繁忙期でもあった。

　筆者は監査の実務家の1人として監査現場の第一線に立ち，繁忙期の真
っただ中に身をおいて業務にあたった。また，所属する法人の一事業部の
人員配置・日程調整を司る者として，今，監査現場で起こっていること，
そして監査現場に必要なものは何かということを，身をもって感じた。

　本章は，それらを4つのテーマに絞り，筆者が日常接している監査現場
の事例紹介と私見を交えながら，問題の所在と改善提案を行うものである。
なお，監査法人の組織・ガバナンス体制の整備構築と運用についても，「監
査法人の組織的な運営に関する原則」（監査法人のガバナンス・コード）
（「コード」）（金融庁，2017）が制定された今，議論すべき重要なテーマで
はあるが，本章の主題は監査現場に必要な施策に焦点を絞ることとした。

2. 十分な監査期間の確保

　監査法人に所属し，会計監査にあたる公認会計士にとって，適切な監査
期間の確保[1]は，高品質の監査を行うために必要欠くべからざる要素であ

1.　「7.監査時間・期間の確保」にその記述がみられる。また，日本公認会計士協会 監査業
務審査会「監査提言集（特別版）『財務諸表監査における不正への対応』」の「7.監査時間・
期間」には「（中略）今一度，決算スケジュール及び監査スケジュールについて経営者と
協議し，十分な監査期間の確保が，財務諸表の信頼性を高めるために不可欠な要素である
ことを経営者に理解してもらう努力が必要である。」との記述がみられる。
　また，2017年12月には同協会会長 関根愛子より，「十分な期末監査期間の確保について」
と題した会長声明が公表されている。

る（日本公認会計士協会，2016a; 2016b）。特に，上場会社に関しては，決算日後，速やかに財政状態，経営成績を開示する決算短信，その次に取りまとめられる計算書類とその附属明細書，そして多くの場合，定時株主総会後に提出される有価証券報告書，これらは会社にとって財務情報を外部に公表する書類である。監査にあたり，それらが法定であるとないとにかかわらず，会社は監査人に数値の確認を求めてくる。この点，従来から決算短信は未監査であることは周知されているが，日本取引所グループは2017年2月に，決算短信作成要領・四半期決算短信作成要領等を改定・公表した（東京証券取引所，2017）[2]。そこでは，「1．上場規程に基づく開示義務及び要請事項並びに開示に関する注意事項等（2）決算短信等の開示に関する要請事項 ①決算発表の早期化の要請」の中に，「決算短信等には監査が不要であることについて」という項目が設けられており，「（中略）監査や四半期レビューの手続きの終了は開示の要件とはしていません。」，「東証では，決算短信等が速報としての機能を十分に発揮できるよう，監査や四半期レビューの終了を待たずに早期の決算短信等の開示をお願いしており，過半の上場会社が監査等の終了前に決算短信等の開示をしています。」，「その一方で，会社法監査の終了後に決算短信を開示している会社が全上場会社の約4割，（中略）あるなど，監査等の終了後に決算短信等を開示している会社も少なくありません。（中略）監査等の終了を待たずに，『決算の内容が定まった』と判断した時点での早期の開示を行うよう，改めてお願いします。」といった記載が見られ，決算短信には監査の終了は開示の要件とはしていない旨，明記されている。

　では果たして，この決算短信の作成要領が改定されたことによって，会社法監査のスケジュールが例年よりも後ろ倒しされた事例はどの程度あったのかについては，後日の集計結果を待ちたい。またあわせて，決算短信の早期開示にあたり今回認められたサマリー情報および経営成績等の概況を先行して開示し，しかる後，準備が整い次第，連結財務諸表および主な

2. 株式会社東京証券取引所「決算短信・四半期決算短信作成要領等」（2017年2月）。

第Ⅰ部　監査の現場から見た監査品質の課題

注記を開示した事例はいかほどあったのか，こちらも集計結果を待ちたい。

　我々監査人にとって，膨大な監査手続を，一定の深度をもって遂行するには，十分な監査期間の確保は必須であるが，今回の日本取引所グループの決算短信の作成要領の改定により，監査期間の確保が従来よりも図られたという実感は率直に言ってない。その理由として，従来ベースでの決算短信開示を多くの会社が行い，重要な問題点がないことについて監査法人のチェックを求めるという「実務慣行」に加え，会社法監査のスケジュールの後ろ倒しが実感としてさほど行われていないため，決算短信開示前に会社法監査手続の重要な部分を終了させ，決算短信の開示チェックに労力を取られることが挙げられる。さらに，会社法監査報告書日までにすべての監査手続を終了させ監査調書に取りまとめ，法人内の所定の審査をクリアし，かつ，会社法監査報告書の提出に際し，監査役会等に対し書面に基づき監査結果の報告を行うが，この労力が4月下旬から5月中旬に集中してしまい，果たして深度ある監査手続を取りこぼしなく実施し，かつ監査調書として取りまとめられているかについて，全く懸念なしとは言い切れないというのが，多くの監査実務家の偽らざる気持ちと思う。

　この状況を打破するために，会社法監査報告書を決算短信発表前までに徴求するのは，今，資本市場から求められている深度ある監査に逆行するものであることを，クライアントに対し繰り返し周知していきたい。特に，会計監査人の監査の方法および結果の相当性を吟味する監査役に対し，十分な監査期間の確保が深度ある監査の実施には必要不可欠であり，定時株主総会から逆算し，法定期限の許す限り，監査期間の最大限の確保の必要性を，監査役とのコミュニケーションを通じ，訴えていきたいと思う。

　3月決算会社であれば，おおむね5月下旬頃までは監査期間の拡張は十分可能と考えられる。もっとも，会社の決算スケジュールや取締役会および監査役会の開催日，定時株主総会招集通知の発送日等は多くの場合，期の早い段階にスケジュールが固まっていることもあり，会社側が監査人へ協力しようとしても，2017年3月期決算で直ちに監査期間の十分な確保を

図ることは実務上，困難であったことも事実と思われる。我々監査人は監査期間の十分な確保を，経営執行部ならびに監査役に継続して働きかけていきたい。

また，日本公認会計士協会が主張している，開示・監査の一元化を図ることで，会社法監査について十分な時間確保を図り，もって深度ある監査を実現し，資本市場に開示される財務情報の質的向上を図ることが可能となると考えられる（日本公認会計士協会，2015，30）[3]。現状，監査現場の業務負荷は昨年度から改善することはなく，このような状況が毎年続くことは耐え難いとし，決算繁忙期後，監査法人を退職する者も中にはいる。まさに，外部監査の業務継続性（Going Concern）が問われていると言っても過言ではない。

3. 監査時間，ならびに監査リソースの確保

　十分な監査期間の確保と並び，深度ある監査を遂行するための喫緊の課題として，十分な監査時間の確保[4]，ならびに十分な監査リソースの確保が挙げられる。深度ある監査を行うために，十分な監査時間の確保により，膨大な監査手続を遂行することも監査品質の向上に必要な要素である（東京証券取引所，2015）。この点，筆者は日米の監査実務の中で，監査遂行上，必要とする監査時間に対する考え方や実務の違いを近年，痛感させられた。いわく，同じ業種業態，ほぼ同水準の売上高や拠点数を持つ製造子会社について，日本の監査実務に対し，米国のそれは監査契約上の時間当たり見積り請求単価で1.5倍から2倍，見積り監査時間で2倍から2.5倍となっており，トータルでの見積り監査報酬は，日本の3倍から5倍というのが米

---

3. 図表10には，「建設的・有意義な対話を可能とするコミュニケーション・スケジュール」
　が記述されている。

4. 株式会社東京証券取引所「コーポレートガバナンス・コード—会社の持続的な成長と中
　長期的な企業価値の向上のために—」の「原則3-2『外部監査人』補充原則3-2②」には，
　「（中略）取締役会及び監査役会は，少なくとも下記の対応を行うべきである。（ⅰ）高品
　質な監査を可能とする十分な監査時間の確保」の記述がみられる。

第Ⅰ部　監査の現場から見た監査品質の課題

国の監査実務である。もっともこれは筆者の経験に基づく差異であり，統計データ等に基づく客観性がある数値ではない。日本は米国や欧州諸国といった監査成熟国と比べ，監査時間や監査報酬水準に違いが見られることは過去からいろんな形で指摘されているが，企業のグローバル化が進み，それと平仄を合わせ，監査実務のグローバル化も進んでいる中で，連結財務諸表を構成するほぼ同規模の子会社に関する監査報酬（請求単価×監査時間）にこのような顕著な差があることは，同じ保証水準を得るためには条件があまりにも違い過ぎるというのが実感である。

　グローバル企業に対しては通常，監査を担当する監査法人の海外ネットワークファームに現地法人の監査を委託し，親会社監査チームはその結果に依拠する。同規模の子会社の見積り監査時間数が，国内外で顕著な差がある場合，親会社監査人としては彼我の監査計画時間のどの点に差異が認められるのか，それはどのような監査戦略の相違によりもたらされているのか，といった点を十分に認識し，日本の監査実務において，資本市場の期待に応える深度ある監査を遂行するために，現状の監査時間で十分かどうか，監査計画の立案時にクライアントとのコミュニケーション材料とすべきである。筆者の経験では，監査成熟国における実務は日本と比べ，統制評価にかける時間数，すなわち統制の理解（ウォークスルー）と評価・運用手続（ITに関する手続を含む）を詳細に監査調書に記述している点，ならびに実証手続の取引テストを厚く実施している点に相違が認められると思われる。

　もう1つは監査リソースの確保である。監査品質を高めるためには十分な監査時間の確保が必要であり，そのためにはリソースの確保が重要となってくる。この点，平成29年の公認会計士試験最終合格者数は微増となったものの，各監査法人は極度の人手不足に陥っており，合格発表後の定期採用はどこも苦労していると聞く。また，修了考査をパスし，公認会計士となった者に対し，会計・開示実務の即戦力を期待する一般事業会社の中途採用意欲は高く，監査法人に入社して5年目から10年目あたりの公認会

80

計士の中には転職を選択する者もおり，働き盛りの経験年数の者のリテンション（引き留め）を図ることにも苦労している。加えて，世の中の流れである「働き方改革」の推進や，労働法制順守厳格化の動きもあり，公認会計士1人当たりの稼働時間数にも限度がある。

　これに対し，監査実務上は，公認会計士以外の専門性を持つ者を採用，育成し，分業により監査を遂行する，有資格者が行わずともよい業務については監査トレーニーや監査アシスタントといった者に業務を担わせ，公認会計士はその専門性を生かせる業務領域に専念し時間の念出を図る，業務プロセスの見直しにより，一部業務のセンター化を図り，業務効率を上げる，などの取組みが行われている。

　近年はこれに加え，監査繁忙期の需要が高まる時期に合わせ，海外ネットワークファームからビジネスレベルの日本語対応可能な会計士有資格者を日本に呼び寄せ，監査チームの一員に加わってもらったり，上述のセンター化した業務を海外ネットワークファームのシェアードセンターに委託し，監査法人外のリソースを活用する事例も見られる。これは米国や欧州諸国といった監査成熟国の会計ファームではすでに広く行われている実務であり，わが国も監督当局とのコミュニケーションを図りながら，徐々に実務が浸透している。政府が推進する「働き方改革」の中で，1日の労働時間にも制約がある現状では，時差のある海外地域のリソースを有効に活用することにより，タイムシフトを敷き，かつ，単純業務をアウトソースすることでリソースの確保も図ることができる一石二鳥の仕組みである。このシェアードセンターへの委託業務は，ごく近い将来に人手を用いた人海戦術から，RPA（Robotics Process Automation）を活用した技術に置き換わる可能性もあろう。

　また，公認会計士試験受験者を増やすためには，監査業務が経済社会や資本市場にとって必要欠くべからざるインフラ機能であり，かつ監査法人で実務経験を積むことにより，さまざまな業界に雄飛できる潜在可能性を持った魅力ある職業であることをアピールしていく必要がある。実際に筆

第Ⅰ部　監査の現場から見た監査品質の課題

者の担当クライアントの海外現地法人の外国人トップの中には，いわゆる「ビッグ4」と言われる会計ファームにて社会人としてのスタートを切った方も複数おられる。会計ファームが，会計という職能を切り口として「ビジネスのイロハ」を学び，企業社会に有能な人材を輩出することのできるインフラとなっている。

　わが国においても，監査法人が会計大学院からのインターンなども積極的に受け入れ，監査現場の中で監査の社会的意義，公益性，社会経験を育んでもらうことで，監査法人業界に前途有為の人材を呼び込むための裾野を拡げていく必要があると思われる。また将来，外部に転出した公認会計士が企業側の経理財務部門責任者または担当者として外部監査を受けるに際し，監査人との職業的「共通言語」での双方向の円滑なコミュニケーションが可能となり，監査の実効性が高まる期待も持てるであろう。

4. 深度ある監査の実践

　深度ある監査の実践のため，2016年1月に公表された日本公認会計士協会の会長通牒に，リスク・アプローチによる監査，職業的懐疑心の発揮，会計上の見積項目の監査などが示されている。会計上の見積項目，特に固定資産やのれんの減損の兆候の有無，および減損判定にあたっては，会社の策定した事業計画と実績の対比，事業計画の将来の実現可能性を慎重に吟味する必要があり，もっとも難しい監査領域の1つである。

　通常，監査人は会社の策定した事業計画に対する実績レビューと将来の利益計画を入手し，経営者や事業部門，経理財務部門とのディスカッションを通じ，それらの内容を理解のうえ，減損兆候の有無に関する会社の判断の確からしさについて，職業的懐疑心を発揮しつつ心証を得る。これらは，四半期毎，あるいは年度決算前で減損兆候の蓋然性が高い場合は前広な検討を行うのが通例と思われるが，筆者は自ら関与する監査業務において，充実した機会が得られた。すなわち，会社の月次定例実績レビュー会

82

議に担当公認会計士とはいえ，外部者に陪席を許されたのである。この会議では，経理財務担当役員と経営企画担当役員同席のもと，膨大な配布資料をもとに，セグメント別およびその下位のBU（Business Unit）別の実績レビュー報告が経理財務部門の各担当者より行われ，約2時間の会議で，会社の足許の業績および将来予測に関する情報を，担当役員と同レベルかつ同タイミングで得られたのである。この機会が，各事業の進捗状況の把握に大いに役立ったのは言うまでもない。

筆者にとって有益だったのは，これに加えて，この会議で，経理財務や経営企画の担当役員が報告者に対して繰り出す質問内容を通じ，経営者の着眼点や経営者が経営判断するのに必要な財務・非財務情報の内容や質を知ることができたことである。これは，我々のリスク・アプローチによる監査，つまり会社の事業の理解を深めることに大きな進化をもたらした。また，この会議に同席することで，経理財務部門や事業部門の担当者との情報レベルが同一のものとなり，理解のための時間を効率化することができ，より深いレベルでの質疑応答，ディスカッションをすることを可能とした。

毎月会議に同席することにより，報告内容や説明の連続性，継続性を確認することもでき，職業的懐疑心の発揮にも役立った。なお，当然のことながら陪席者に発言権はなく，経営判断に踏み込む，ないしはその助言といった，監査人の独立性に抵触する，あるいはそれと疑われるような言動や行為は厳に慎んでいる。

筆者は同じ監査関与先で監査役会と月次定例ミーティングの機会を持っているが，そこでのディスカッション内容の一部は，この月次業績レビュー会議の内容の情報共有ならびに監査役会メンバーの認識の確認である。経営執行側と監査役側の双方の見解を求め，複眼的に確認することで，情報の信頼性を担保し，深度ある監査の実践に努めている。

また，リスク・アプローチで対象となる量的あるいは質的な重要拠点に加え，同アプローチでは見落とされがちな，国内・海外の小規模拠点にお

第Ⅰ部　監査の現場から見た監査品質の課題

ける状況についても，経理財務部門の分析資料の入手に加え，この監査役会との月次定例ミーティングで，監査役と監査人それぞれが入手した情報の共有と評価を行っている。さらに，会社の内部監査部門長から四半期毎に，社長宛報告と同一内容の内部監査の実施状況の報告を受け，監査人が入手している情報の共有と評価も行っている。

　本社から遠隔地にある国内外の小規模拠点は一般的に，十分な内部統制を構築・運用するための人的リソースないし能力が不足する例があり，経営執行側，監査役，内部監査部門とも，そのリスクは認識しているものの，万全の手立てを講じているかについては，改善の余地なしとはしない。ただ，改善すべき点については，会社側と監査人とで課題の認識を共有しており，継続的改善活動を通じ，統制レベルを引き上げていくこともお互い合意している。

5. 職業的専門家としての使命の具現化

　深度ある監査の実践には，我々が実施している監査上の着眼点や，監査実施状況，監査を通じ検出した事項の報告と改善提案を通じ，我々の活動状況を会社の各階層に報告・共有すると同時に，報告先からのフィードバックを受け，正しい財務報告と適正な内部統制の運用を行うという共通認識を持つことが，監査の実効性を高めるための重要な要素と捉えている。現代風に言えば，経営者ならびに監査役との緊密なコミュニケーションというのが適切な表現と考えられるが，筆者はこれを我々職業専門家に課せられた使命[5]の具現化と捉えている。

　監査チームは監査の計画説明から始まって，期中の監査実施状況あるいは四半期レビューの状況，そして監査の結果説明の各段階において，書面

5.　公認会計士法 第1条は，「公認会計士は，監査及び会計の専門家として，独立した立場において，財務書類その他の財務に関する情報の信頼性を確保することにより，会社等の公正な事業活動（下線：筆者加筆），投資者及び債権者の保護等を図り，もって国民経済の健全な発展に寄与することを使命とする。」と規定されている。

を作成し報告する。監査の結果説明とあわせ，いわゆるマネジメントレターと呼ばれる書面を作成し提出することが一般的に行われている。これは，監査人が1年間の監査の実施過程での気付き事項と改善提案を取りまとめた書面である。監査人は会社との日常のコミュニケーションと報告・フィードバックを集大成したこの書面により，経営者や監査役，経営管理層の方々に知っていただきたい，そして改善いただきたい事柄を報告し，翌年度以降の監査の中で改善状況を確認する。そのための言わば，チェックリスト的な役割も果たしている。この内容により，監査人は独立した第三者として客観的な立場から，会社をどのように見ているのか，また職業的懐疑心をどの程度発揮したのか，株主・投資家目線での適切な情報開示体制をどのように評価しているのかなど，監査人としての着眼点や眼力，実力が示される書面でもある。

　日頃からのコミュニケーションにより，監査人の意図や思いをくみ取っている経営者や監査役，経営管理層の方々にとっては，コミュニケーションから得られた気付きや報告事項が書面となって手もとに届くため，指摘を受けた改善すべき事項は期限と達成度を定め，各階層に指示し改善に努める。監査人からの「耳の痛い」報告を真摯に受け止め，謙虚に改善活動に努めることで，会社の体質や内部統制が強化され，より良い運営や財務情報開示が促進される。改善を成し遂げた監査関与先に対し，監査人は新たな視点から深度ある監査を通じ，より高い次元でのマネジメントレターを提出するというサイクルを通じ，会社のレベルも上がる，まさに「公正な事業活動」の具現化につながるのである。

　我々に課せられた使命の具現化にあたり，社内常勤監査役との連携はもちろんのこと，社外監査役との対話を重視することも肝要である。社外監査役はその定義どおり，過去，会社との関係を有しない方が就任されており，客観的な立場で，取締役の職務執行の監査や，会計監査人の評価にあたる。社外監査役は，会社が過去から形作ってきた企業風土や引きずってきた懸案事項その他について，専門的見地に立ち，一般投資家や社会から

の期待に対し，見識を発揮し，適正で健全な会社運営を促す立場にある。我々監査人は，資本市場からの期待を意識した独立の第三者の立場から監査を遂行しており，社外監査役とは同じ，「社外」の立場で会社運営を見ることとなる。万一，「会社の常識は世間の非常識」といったことが生じぬよう，またそれでなくとも，監査をする立場から，認識を共有し，見解を述べ合い，方向性をあわせていくことが，より実効性ある監査の遂行には必要である。

　社外監査役の方々の経歴は多彩であり，他社の元・経営者や経営管理者，中央や地方の官僚出身者，弁護士，公認会計士，学識経験者（学者・研究者），などである。これらバックボーンの異なる方々との広範かつ率直なコミュニケーションにより，複眼的な見方での監査が可能となる。もし可能であれば，社外取締役を入れた，社外監査役，監査人の「外部の三者間」で定期的に協議ができれば，それぞれのおかれた立場で得られた知見をもとに有益なディスカッションをすることができ，深度ある監査の実践にもつながるであろう。

6. 監査の実効性向上のため，監査人がなすべきこと

　以上，監査の実効性向上のため，監査現場を預かる身として私見を交えつつ，監査現場での事例紹介となすべきことについて論じてきた。いずれも，資本市場が求める適正な財務報告の作成と開示について，監査人がなすべきこと，会社に働きかけるべきことへの提言である。

　十分な監査期間の確保の見地からは，速報である決算短信の発表に会社法監査報告書日が引っ張られることのないよう，法定期限一杯まで監査期間を確保するための監査人としての手立てを述べ，日本取引所グループの短信に対するスタンス，日本公認会計士協会の開示・監査一元化の取組みについて紹介した。

　監査時間の確保の見地からは，監査成熟国とわが国との間で監査計画な

らびに監査戦略の相違からくる監査計画時間数の差異が生じていること，我々監査人は海外先進事例をベンチマークし，クライアントに十分な監査時間の確保を粘り強く要請していくべきことを論じた。また，リソース確保の見地からは，公認会計士有資格者がすべき業務の峻別とその他の業務の担い手，あるいは外部リソースの確保，などについて述べ，あわせて会計ファームを目指す前途有為の人材を呼び込むことの重要性について述べた。

　深度ある監査の実践の見地からは，筆者の担当クライアントにおける会社と監査人との間の取組み事例を紹介しつつ，事業の理解，職業的懐疑心の発揮，三様監査の在り様について述べた。

　職業的専門家としての使命の具現化の見地からは，我々監査人が行ってきた業務の内容や検出事項，改善提案について，口頭のみならず書面に取りまとめコミュニケーションを行い，会社にアクションを取ってもらうことで，クライアントの公正な事業活動の実現に貢献すること，また監査役との連携，なかんずく社外監査役との対話の重視について論じた。

　これらはいずれも監査現場に根差した「現場目線」での提言であり，これに「コード」で謳われている，監査法人の組織・ガバナンス体制の整備構築と運用が備わって，はじめて監査の実効性が向上すると考えている。

　なお，上記4つのテーマでは取り上げなかったが，1つ付言したい。筆者の経験から，学識経験者（監査論や会計学の学者，研究者）との交流や対話を通じ，その見識や研究成果に触れることで自己啓発され，監査人個々人の能力開発につながっていると感じている。監査実務に対する洞察力向上によって，監査の質も自ずと高まることが期待されることから，学識経験者と監査の実務家の交流範囲の拡大と，より一層の対話の促進を図るべきと考えている。

第Ⅰ部　監査の現場から見た監査品質の課題

〈参考文献〉

金融庁（2017）監査法人のガバナンス・コードに関する有識者検討会「監査法人の
　　組織的な運営に関する原則（監査法人のガバナンス・コード）」3 月31日。
東京証券取引所（2015）「コーポレートガバナンス・コード—会社の持続的な成長
　　と中長期的な企業価値の向上のために—」6 月 1 日。
──（2017）「決算短信・四半期決算短信作成要領等」2 月22日。
日本公認会計士協会（2015）開示・監査制度一元化検討プロジェクトチーム「開示・
　　監査制度の在り方に関する提言—会社法と金融商品取引法における開示・監査
　　制度の一元化に向けての考察—」11月 4 日。
──（2016a）「公認会計士監査の信頼回復に向けた監査業務への取組」（会長通牒）
　　1 月27日。
──（2016b）監査業務審査会「監査提言集（特別版）『財務諸表監査における不正
　　への対応』」1 月27日。

第4章のテーマに関するディスカッション

（1）制度的制約条件と監査人の対応策

　わが国には，会社法監査制度と金融商品取引法（金商法）監査制度という２つの並列する法定監査制度が存在している。両法が志向する保護の対象は，私法である会社法が株主や債権者といった既存の会社との間に契約関係がある利害関係者であるの対し，公法である金商法は市場の失敗を防ぎ不測の損害を投資者に生じさせないことを目的とする点で，投資者保護を志向している。つまり，本来，別々の法体系を持つ２つの法定監査が実質一元化の名目のもとに，監査の実施プロセスのみならず，報告プロセスまで影響を受けていることが，十分な監査時間を確保できてこなかった原因と解される。

　商法制定以来，株主総会は利害調整の場であり，そこに提案される決算案が株主によって審議，承認されることで，決算が確定されてきた。会計監査人監査は，株主総会に提案される計算書類案の会計基準違反の有無を明らかにし，株主総会での審議に資することで利害調整を支援することが目的であった。もちろんその後の商法・会社法改正を経て，現在のように会計監査人を設置し，かつ無限定適正意見が表明された計算書類は株主総会を経ずとも決算として確定することが認められているが，無限定適正意見以外の会計監査人の意見が付与された計算書類は，原則通り株主総会での審議，承認決議が必要となる。そのような場合，法令・定款に違反する会計処理の存在や影響が株主総会で株主に報告され，その違反を認めるか否かが検討され，あるべき利害調整過程が完結する。

　一方，投資者の意思決定を支援することを志向する金商法では，有価証券報告書の提出期限を決算日の翌日から３ヶ月以内としているだけで，監査報告書の期限や決算承認については規定していない。

第Ⅰ部　監査の現場から見た監査品質の課題

　利害調整支援を目的とする会社法監査と，証券市場における不特定多数の一般投資者の意思決定を支援するための金商法監査とは，法形式上，別個に遂行されても問題はない[6]。このような法形式優先の考え方に対しては，経済合理性の観点から現実的でないとすることもできよう。しかし，実際，たとえ監査実施プロセスが一元化されていたとしても，最終的な監査報告の段階までにはそれぞれに対応する開示を含む監査対象項目に対する監査手続を実施しているのであるから，実施プロセスでも完全に一元化されているわけではない。また会計監査人監査が実施されており，かつ無限定適正意見が表明されているのであれば，一元化を図る必要もなく，その時点で決算数値は確定するのであるから株主総会審議・承認を待つことなく有価証券報告書は先行して提出可能である。

　にもかかわらず，かたくなに2つの法定監査の実施プロセス一元化を前提とするのであれば，「2. 十分な監査時間の確保」でも指摘されている通り，すべての監査手続を終了させたうえで，監査役会等に監査結果の報告を行う期限を4月下旬から5月中旬に集中させることになってしまい，「会社法監査のスケジュールが後ろ倒し」されない限り監査時間に不足が生じ得るのは当然である。さらに，実質一元化に拘泥し続けると，株主との対話の観点から株主名簿基準日から3ヶ月以内という期限内での株主総会開催早期化の流れのせいで[7]，監査実施に必要な時間の確保がより一層難しくなってしまうことが予想される。

（2）実務的制約条件と監査人の対応策

　監査報酬は，監査資源（投入人員数）の時間当たり単価に見積り監査時間を乗じることによって算定されている。財務諸表監査において提供されるべき合理的保証の水準が一定であれば，予定される総監査時間数が決ま

---

6. このような監査制度の拠処を利害調整支援と意思決定支援から捉えた詳細は，那須・松本・町田（2015）を参照されたい。

7. 株主名簿基準日を起点にする限り株主総会分散化の流れが早期開催へと向かわせるか，あるいは基準日の変更が必要となることが指摘されている（日本経済新聞社, 2018）。

り，投入する監査人員数と時間数はトレードオフの関係になるので，投入できる監査人員が多い事務所ほど，時間数は少なくなるであろうし，逆に投入できる人員が少なければ，時間数は多くならざるを得ない。

　合理的保証を達成するために考慮すべき要因は，「3. 監査時間，ならびに監査リソースの確保」にあるとおり，監査時間の問題と監査資源の問題ということになる。この監査業務として予定される合理的保証の確信は，最終的には監査報酬に還元される。この監査報酬額について，日米では平均で3倍前後の開きがあることが明らかとなっている（監査人・監査報酬問題研究会，2018）ことから，監査資源か監査時間のいずれか，あるいは両者において，日米間に差があると推測できる。

　このような推測を裏付ける内容が同節における実務の紹介からもうかがえ，そこでは日米の時間当たり見積り請求単価で1.5〜2倍，見積り監査時間で2〜2.5倍の差のあることが指摘されている。特に，監査時間に差が出る最大の原因が，内部統制の運用評価手続と実証手続の取引テストにあるとの指摘は，わが国で四半期報告制度と内部統制報告制度が導入された結果が顕在化した2008年から2009年にかけて，わが国の監査報酬額が前期比約1.5倍になったという理由を，内部統制の運用評価手続の時間が増え，それが監査報酬に反映された事実に求めれば，日米の報酬格差と整合的に理解できる。

　一方，監査資源としての投入人員数の不足は，監査業務の階層化により，高度な判断業務に貴重な人員を集中させ，単純な作業についてはシェアード・サービスやRPAに置き換えることで，監査業務の有効性を落とすことなく効率化を図る，というアプローチは，今後，わが国監査事務所が目指すべきものと捉えられる。その場合，シェアード・センターやRPAの質が，監査の有効性を害さない程度のレベルを確保していることについて，主たる監査人がどのように確信を得るか，という問題は残っている。特にネットワークで開発・維持されているシェアード・センターないしRPAであるという形式的根拠によって，その質が保証されるというのでは，証

拠として十分かつ適切ではないことから，監査事務所レベルだけでなく，個々の監査業務における利用方法や内容に応じた評価手続が検討される必要がある。

　さらに監査の有効性を確保する点で，コーポレートガバナンス・コードや監査基準で規定されているとおり，監査役等のガバナンスに責任を負うものとの間だけでなく，被監査会社の執行側との間でも，監査人が十分なコミュニケーションを取れることは極めて重要である。「4. 深度ある監査の実践」でも指摘されているが，そのためには企業側の外部監査に対する理解と期待に加えて，監査人側のコミュニケーション能力やその質の向上を図ることが不可欠と考えられる。このような監査の受入側と提供側とで適切な施策が講じられることで，監査人による被監査会社の事業等のリスク評価がより効果的に行えるようになり，それがひいてはより適切な発見リスク設定へ反映されることになろう。

〈参考文献〉

那須伸裕・松本祥尚・町田祥弘（2015）『公認会計士の将来像』同文舘出版。

日本経済新聞社（2018）「株主総会，6月集中日の比率上昇　会場確保難しく　本社調べ」『日本経済新聞』5月17日。

松本祥尚・町田祥弘・林　隆敏他（2018）「監査報酬の実態調査結果について」『会計・監査ジャーナル』751号。

第5章

被監査会社における監査品質の向上のための体制整備

「監査品質を高めるには，
被監査企業側では，何が必要ですか?」

〈執筆者〉

柴谷 哲朗（太陽有限責任監査法人・パートナー）

〈ディスカッション〉

松本 祥尚（関西大学大学院・教授）

第 I 部　監査の現場から見た監査品質の課題

1. 被監査会社において監査品質の向上のための体制を検討する意義

　2015年に発覚したわが国を代表するリーディングカンパニーで生じた粉飾決算事件を受け，監査に対する社会的な信頼性を確保するための制度改正が始まっている。直近では，2017年 3 月に「監査法人の組織的な運営に関する原則」（監査法人のガバナンス・コード）（金融庁，2017）が金融庁から公表され，監査法人が監査品質の向上の観点から自律的・持続的な活動を行うための仕組みとして機能し始めている。今後も，監査報告書に「監査上の主要な検討事項」（Key Audit Matters：KAM）を記載する制度改正や監査人のローテーション制度の検討など大きな動きが続いていくものと考えられる。

　こういった監査品質の向上を目的とした制度改革は，監査人自らが監査品質が変革を行うことを後押しするものとして注目されているが，一方で，現状の監査実務の枠組みの中で，監査品質の向上のために実施できることも多い。個々の被監査会社における財務報告に関連する内部統制の整備・運用レベルは実に多様であり，被監査会社の内部統制の強化を行うことで監査品質の向上を図ることができる。被監査会社における財務諸表の作成体制や監査対応に必要な資料・データを作成する体制にも大きな差があり，さらには，監査に協力しようとする被監査会社の姿勢にも差がある。監査は監査人と被監査会社の活動がうまく噛み合って初めて有効に実施可能なものであるから，被監査会社において監査対応の体制強化を行うことで監査品質の大幅な向上が期待できるはずである。本章では，被監査会社における監査品質の向上のための具体策について取り上げることとする。

　監査品質の向上のために被監査会社が実施可能な体制整備の具体策は数多く考えられる。被監査会社のガバナンス体制の強化から，会計・開示にかかる人員の拡充，知見の向上，財務報告の信頼性を確保するための内部統制の強化，期末決算監査時の十分な監査時間の確保などである。以下で

は，筆者の監査実務における経験の中で，比較的短期間で監査品質を大きく向上させ，かつ，被監査会社によって主体的に取り組みやすいと考える施策に焦点を絞って論じることとする。

2. 内部監査の強化

多くの上場企業においては，内部監査部門が設置され，内部監査を専属的に行う内部監査人によって内部監査が行われている。内部監査人は，経営者の配下で内部監査を実施することから，経営者不正に対しては有効性が低いという欠点を有する。一方で，会社の中で一定の業務経験を積んできた人材から選任される場合が多く，会社固有の業務に精通し，また，社内で生じ得る不正発生の機会や動機，手法に関する理解も高いため，外部者である監査人より有効性の高い監査が実施できるという利点を有する。さらに，社内に常駐している会社の内部者であり，内部情報に幅広くアクセス可能な立場にあることから機動的な監査を実施できるという利点もある。

日本監査役協会の会計不正防止に関する報告書においては，「内部監査部門は一般的には業務監査および内部統制監査が中心で，会計監査に関しては業務監査や内部統制監査に関連する範囲で実施している会社が多いと思われるが，内部監査部門が業務プロセス監査の観点を超えて会計監査を実施している会社もある。会計監査人だけでなく，会社業務に精通した者が会計監査に関与することで，より品質の高い監査結果が期待できる領域がある場合，当該領域において内部監査部門が会計監査人と連携しながら監査を行うことも考えられる。」とされており，内部監査人が会計監査に関与することで会計不正の防止に役立つことが示唆されている（日本監査役協会，2016）。

監査人による監査は，限られた監査人員や監査時間の制約の中で効率的に行われなければならず，内部監査の強化によって全体として監査品質の

向上が図られるべきである。以下では，監査品質の向上の観点から，内部監査の強化の方法について論じることとする。

（1）リスクベースによる内部監査の実施

　上場企業であっても，内部監査の整備・運用の体制には大きな差があり，必要最低限の内部監査機能しか有していない会社が存在するのも事実である。内部監査の具体的な強化方法としては，まず，内部監査が十分に実施されるための環境整備が考えられる。社内ルールへの違反を発見した場合に高い独立性を持って問題点を指摘できる内部監査人が選任されているか，また，指摘事項が尊重されるための内部監査に対する十分な権威付けが行われているか，指摘の正当な根拠あるいは判断基準となる社内ルールが十分に整備されているかについて検討すべきと考えられる。

　また，社内規程や業務マニュアル等の事務処理に関する社内ルールへの適合性を判断するためのチェックリストを用意し，これを潰し込むような内部監査になっていないか検討することも重要である。内部監査の基本アプローチを，社内ルールへの適合性を検証するチェックリスト・アプローチからリスクベース・アプローチへ移行することで，内部監査人は経営者に対して不正の有無に関してより積極的な報告が可能となる。

　筆者が考えるリスクベース・アプローチによる内部監査とは，リスクの高い分野に集中的に内部監査のための経営資源を配分するという意味だけでなく，財務報告上の不正・誤謬が生じるリスクを十分に検討して内部監査を行う方法である。特に不正会計の予防・発見という観点から内部監査を強化する場合，財務報告上の不正リスクを考慮することが重要となる。不正リスクを考慮するには，社内で起こり得る不正シナリオ，つまり，生じ得る具体的な不正会計の手法を想定し，仮にその不正が生じていたとすれば，どのようなルール違反となって現れてくるのか，どのように会計数値や社内管理指標に現れてくるのか，さらには，ルール違反とならないように仮装する，あるいは隠蔽するためにどのような手口が使われるかなど

を想定して内部監査の実施計画を立案することが必要である。社内の事情に精通し，十分な経験を有した内部監査人が，このようなアプローチで内部監査を実施することで，不正による重要な虚偽表示の発生リスクを大きく低下させることができるはずである。

（2）在外子会社に対する内部監査の強化

最近，在外子会社において不正会計が発覚する場合が目立つ。在外子会社で不正が発生する背景には，文化や言語，取引慣行の違いなど様々な要因が存在していると考えられるが，在外子会社の内部統制が十分に整備されていない場合がある点にも注目すべきである。新たな事業拠点を海外に設置した場合，その後，ある程度の規模に成長しても適切な人材がいないことや今まで大きな問題が生じていないことから内部統制の整備を先送りしてしまうことが在外子会社において多くの不正が発生する1つの要因と考えられる。

また，すでに規模の大きい会社を買収して在外子会社とした場合にも，当該子会社の取引慣行や既存の社内ルールに引きずられ，正しい情報を入手するためのルートの確立もできないまま経営統合が行われ，親会社と同じ枠組みで内部統制の整備ができないケースがある。経営者として懸念してはいたが，そのような状態が放置され，結果として大きな不正につながってしまうことがある。

2016年に行われた公認不正検査士協会の調査によれば，世界各国における不正の摘発の手段の内訳は，内部通報が39.1％と最も高い数値を示しているが，次いで内部監査が16.5％，マネジメント・レビューが13.4％と続いており（公認不正検査士協会，2016），内部監査が在外子会社における不正発見や不正防止に高い有効性を発揮することが示唆されている。

また，親会社の主導により在外子会社の内部監査の体制が整備されると，親会社の監査人の連結財務諸表の監査の有効性も高まる。監査人は被監査会社の子会社に対し，必ずしも親会社の監査と同じレベルで監査手続を実

第Ⅰ部　監査の現場から見た監査品質の課題

施するわけではない。子会社の中から，重要な会社を選定し，グループ全
体の監査計画を立案する。監査人は，重要な在外子会社に対しては，親会
社に対する監査と同じ視点で監査上のリスクを検討し，在外子会社の監査
人を通じて，あるいは親会社監査人が直接，監査手続を行う。一方，監査
人が重要ではないと判断した在外子会社については，その重要性に応じて
分析などの限定的な手続が行われるため，内部監査が監査の補完的な機能
を果たすことによって連結ベースでの財務報告の信頼性が高いレベルで確
保される。正に，内部監査人が監査人と協力することによって，監査品質
の向上を図ることができる領域である。

3. 監査人に対する情報提供体制の強化

　監査人が実施する監査は，被監査会社から財務諸表の作成に関連する記
録や証憑書類等の情報等を制約なく監査人に提供することで成り立ってい
る。

　また，監査人が被監査会社から制約なく情報を提供されたとしても，そ
の情報の中に，財務諸表全体あるいは財務諸表を構成する勘定科目や注記
が会計基準に準拠しているという被監査会社の「アサーション」（主張）
が含まれていなければ，監査の有効性は保証されない。監査人は，被監査
会社から「アサーション」が提示されて始めて，これを独立の立場から批
判的に検討することができる。

　現実の監査実務において，監査に必要な資料が制限なく提供されない，
あるいは，「アサーション」が全く提示されないという状況はないと思わ
れるが，被監査会社の対応として，監査品質の向上を図ることを考える場
合，監査人から提出を求められたものを提出するという受け身の姿勢から，
限られた監査時間の中で監査の有効性が上がるように積極的に情報やアサ
ーションを整理し，これらを監査人に提供するという姿勢に方向転換する
ことが必要と考えられる。以下では，こういった被監査会社の監査人に対

被監査会社における監査品質の向上のための体制整備　**第5章**

する積極的な情報提供による監査品質の強化策について論じることとする。

（1）リスク評価のための積極的な情報提供

　たとえば，監査人が，売上高の月次推移表を閲覧し，ある月の売上高の急増を異常点として認識したとする。この時，監査人は，最初にどのような要因で売上高が増加したのかを把握しようとする。そして，売上高の増加要因が把握できたら，その根拠となる財務諸表の作成に関連する記録や証憑書類等（証拠書類）を入手し，売上高に虚偽表示が含まれていないことを確かめようとするであろう。

　最初に行われる売上高の増加要因を把握するための手続は，被監査会社の経理担当者への質問によって行われることが多い。質問を受けた経理担当者は，社内資料の閲覧や関係部署への質問などを行い，どの顧客に対する販売取引が増えたのか，あるいは，どの製品の販売取引が増えたかなどを調べ，その結果を監査人に説明する。このような調査は，経理担当者だけでなく，関係部署における調査をともなうことがあるため，監査人が回答を得るまでには一定の時間を要する。

　次に行われる売上高の増加要因の根拠となる証拠書類を入手するための手続は，増加した売上高の中から監査人が検証しようとする特定の販売取引を抽出することから始まる。続いて，監査人は抽出した取引について，これを根拠付ける証拠書類，たとえば，販売契約書，納品書，請求書などを選定し，これらの提出を経理担当者に依頼する。このような証拠書類は，経理部門ではなく被監査会社の営業管理部門などで保管されていることが多く，監査証拠の提出を依頼してから，実際に提出を受けるまでにはやはり一定の時間を要する。

　このように監査人が売上高の月次推移表から異常点を感じ取り，最終的に必要とする監査証拠を入手するまでには必ず一定の時間が必要となり，そのことは特に決算監査という限られた期間においては，監査人が十分な監査手続を行う上で大きな制約となる。こういった監査人の時間的な制約

99

第Ⅰ部　監査の現場から見た監査品質の課題

を少しでも少なくするには，監査人自身が，売上高に関する詳細データを被監査会社が利用しているシステムから直接入手できる環境を整備することが有効と考えられる。売上高の日別，部門別，営業担当者別，顧客別，製品別などの販売数量，単価，原価率などに関する詳細情報に監査人が自由にアクセスできれば，虚偽表示リスクが存在すると考えられる取引を特定することが容易になり，格段に監査の有効性の向上を図ることができるはずである。

　日本監査役協会は，2016年に一部上場企業の監査役等に対し，三様監査の実態調査行っており（日本監査役協会，2016），その中で監査人による被監査会社の社内情報の収集に関して調べている。「監査人が社内情報に自由にアクセスできる」が8.9％，「監査人が要請する情報は会社側でその必要性について判断することなく提供されている」が64.3％となっている。つまり，被監査会社のスクリーニングなく監査人に情報提供が行われているという回答が合わせて全体の73.2％を占めており，監査人が監査に必要な情報を制限なく入手できる透明性の高い監査環境は相当程度整っているとも考えられる。しかし，現実の監査現場においては，たとえ被監査会社が利用している情報システムに制限なくアクセスできたとしても，被監査会社が保有する大量のデータの中から，不正リスクや虚偽表示のリスクを想定し，様々切り口でデータを正確に抽出・集計することができるように配慮された監査環境は稀である。被監査会社が，監査人の視点で必要なデータを監査人に対して適時に提供できるように情報システムを改変したりデータの提供方法の改善したりすることで監査品質を著しく向上させることが可能である。

（2）被監査会社のアサーションの文書化

　監査の実務において，被監査会社が特定の勘定科目や会計事象に関するアサーション（主張）を自己の正式な見解として文書化し，監査人に提出する場合がある。たとえば，被監査会社が，会計方針の変更をしようとす

る場合，会計方針の変更が必要な背景や経済的事実，これらに基づいてどのような理由で，また，なぜ当期から変更しようとするのかなどについて，その判断プロセスや根拠，結論を明示した社内の公式文書が作成され，これが監査人に提出される。

　最近の監査の現場では，被監査会社のアサーションに関する正式な見解を表す文書が作成されず，監査人に提示されない場合が増えていると感じる。これは，昨今の会計基準の複雑化や被監査会社の経理担当部門の人員不足に起因しているとも言えるが，そのような公式文書を作成して監査人に提出することの有効性が認識されていないこともその要因と考えられる。被監査会社からそのような公式文書が提出されない場合，監査人は，被監査会社の経営者や経理責任者に対する質問，被監査会社の会議体議事録の入手，その他監査上の判断に有用な証拠書類などを入手し，監査人が独自に被監査会社のアサーションを文書化する必要が生じる。

　監査人は，被監査会社のアサーションに合致する監査証拠だけでなく，これを批判的に検討したうえで監査上の判断をする必要があることから，会社のアサーションと合致するポジティブな監査証拠だけでなくネガティブな監査証拠はないか，あるいは，入手した監査証拠が相互に矛盾していないかを検討する。また，被監査会社が採用した会計処理以外に代替的に取り得る会計処理を想定し，会社が採用した処理が適切であるかを検討することもある。監査人は，そのために多くの時間を費やす必要があるため，被監査会社が監査品質の向上を図ることを考えた場合，被監査会社自身が上記のようなアサーションに関する公式文書を作成すべき会計事象を適時に把握し，文書化する役割を分担することで監査の有効性は大きく向上するものと考えられる。

4. 会計上の見積りに関する内部統制の整備

　最近の監査実務においては，会計上の見積りに大きく焦点が当てられて

第Ⅰ部　監査の現場から見た監査品質の課題

いる。会計上の見積りとは，財務諸表に計上あるいは開示される金額を概算することであり，その代表例に，のれんや固定資産の評価，非上場の子会社等に対する投融資の評価，繰延税金資産の評価，たな卸し資産の評価，各種引当金の十分性といったものがある。

　会計上の見積りに焦点が当てられている理由は，見積りであるが故に少なからず会計数値に不確実性がともない，財務諸表の虚偽表示となり得るためである。また，見積りに含まれる経営者の主観の程度が高いほど，会計上の見積りは，経営者の偏向に大きく影響を受けることになり，場合によっては，経営者が自己に都合の良いように意図的に見積り金額を操作することで，不正による重要な虚偽表示につながる。特に固定資産やM&Aによって計上されたのれん，子会社等に対する投融資の評価，繰延税金資産の回収可能性の評価は，事業計画に基づいて計算される将来キャッシュ・フローによって裏付けられることとなるが，事業計画には中長期にわたる経営者の主観が多く含まれる。監査人にとっては，将来の一定期間，その妥当性について，事実ではなく経営者の予測に基づいた判断しか行えないため，不正による虚偽表示リスクが高いと判断されることが多い。以下では，主として事業計画に基づいて評価が行われる会計上の見積りに関する内部統制の整備について論じることとする。

（1）事業計画の立案に関する内部統制の整備

　監査人にとって，事業計画が会計上の見積りの妥当性の根拠となる場合，事業計画を評価する監査手続は非常に重要となる。経営者にとって事業計画は，企業を取り巻く経営環境を踏まえ，自社が有する経営資源や競争優位性を評価したうえで立案する経営の羅針盤のようなものであり，事業計画の立案は企業経営そのものとも言える。保守的な事業計画を掲げて行う経営もあるが，高い期待値を見込み，野心的な成長を達成しようとする計画を掲げる経営もある。どのような事業計画であっても，時が経てば，その事業計画が妥当であったかどうかについての社会的な評価が与えられる

102

が，事業計画の策定時点においては，その妥当性を判断することは難しい。監査人は，当該事業計画が立案されたプロセスを評価したり，事業計画の前提条件や経営者による仮定，事業計画に含まれる要素が相互に矛盾していないかなどを検討したりすることでその合理性を評価することになる。

　しかし，現実の監査実務の中では，事業計画に含まれる経営者が使用する仮定に関する情報を十分に入手できるとは限らない。事業計画の評価プロセスが確立されていない，あるいは，事業計画の前提条件や設備投資・人員計画等を含む総合的な事業計画が文書化されず，中・長期の損益計画のみが提示される場合には，監査人は経営者による仮定を十分に把握することができず，事業計画の合理性に関して評価を行うことが難しくなる。このような場合には，監査人として指導性を発揮し，被監査会社が監査に耐える事業計画を策定できるように経営者や事業計画策定部門との協議を重ねるなどの努力が行われているが，最終的に監査人にとって満足できる事業計画が提示される場合ばかりではない。一方で，会計上の見積り項目が監査の重点領域となり，また，経営者不正が生じ得る分野であることが強く認識されていることから，監査人は，事業計画は会社が作成するものだからこれを受け入れざるを得ないと考えることは許されず，被監査会社の対応によってそういった状況の改善が図られなくてはならない。

　被監査会社が，会計上の見積りの領域において，監査品質の向上を図ることを考える場合，まず，合理的な事業計画を策定するためのプロセスを確立することが重要である。言い古されているが，事業計画の策定方式としては，経営者の設定した会社全体の目標値を各部門別に示達するための目標値に落とし込むトップダウン方式と各部門で積上げられた数値を会社全体の予算として積上げるボトムアップ方式の折衷方式が採用されることが望ましいとされている。折衷方式で事業計画を策定する場合，ボトムアップ方式で作成された計画をベースとし，これに経営者による仮定，すなわち，将来の経営環境に関する読みや自らが定義する成長戦略の実行によって実現する潜在的な成長力などの主観を定義し，これを加味することで

第Ⅰ部 監査の現場から見た監査品質の課題

目標値とする事業計画をつくりあげられる。そうすることで経営者による仮定がより明確となる。

次いで，環境認識や事業方針の詳細を文書化し，これに基づいて中長期の売上・原価・費用の損益計画や投資計画，人員計画，資金計画等を含む総合的な事業計画を立案するための体制の整備が重要となる。特に環境認識や事業方針の文書化は，監査人に対し，経営者の将来に対する仮定を明示し，事業計画の合理性を説明するうえで重要となる。環境認識には，経済・金融の動向，製品・サービス市場の成長動向，自社製品・サービス市場の競争状況など経営者の将来の経営環境に関する読みが含まれる。また，事業方針には，営業戦略，販売政策，利益政策，製造設備や販売拠点の投資方針，新商品・サービスの開発方針，人材獲得・育成の方針，財務方針など経営者が定義・実行しようとする成長戦略に関する主観が多く含まれる。

こういった事業計画の策定に関する内部統制が確立されてこそ，監査人は，事業計画が，環境認識や事業方針と矛盾していないか，また，損益計画と投資計画，人員計画等に矛盾やボトルネックとなる経営資源は存在しないか，部門別の事業計画に相互の矛盾はないかなどを検討できるようになる。

（2）事業計画の実行状況を把握するための内部統制の整備

事業計画が会計上の見積りの妥当性の根拠となる場合，監査人は事業計画の合理性を評価するための監査手続としてバックテストを行うことが多い。バックテストとは，事業計画と事業計画の履行とともに明らかになる実績等を比較することで，監査の時点における事業計画の合理性を確かめる手続のことである。監査人は，単に損益計画の予実対比によって，事業計画のバックテストを行うだけでなく，被監査会社が定義した環境認識や事業方針に関して経営者が置いた前提条件や経営者による仮定が崩れていないかをテストする。また，こういった前提条件や経営者の仮定が崩れて

104

被監査会社における監査品質の向上のための体制整備　**第5章**

いないかを定量的に検討するため，被監査会社が設定した会計数値以外の業績評価指標（Key Performance Indicators: KPI）を利用することが多い。

　監査人がバックテストのために検討するKPIとしては，売上高を例に取ると，新規顧客の開拓件数，販売単価，新製品・サービスの販売数，既存顧客や既存製品の販売数の伸び率，受注高などが典型例として考えられる。また，販売拠点の設備投資計画，販売員の採用計画などもバックテストの対象となる。会計上の見積りの監査の領域では，こういった会計数値以外の定量的なKPIが示す目標の達成状況が重要な監査証拠となる。

　被監査会社が，監査品質の向上を図ることを考えた場合，事業計画と実績の比較によって行うバックテストを被監査会社においてあらかじめ行っておくことが考えられる。たとえば，企業買収によって計上されたのれんを評価するため，買収時に立案した事業計画どおりに実績が推移しているか，乖離があればその原因は何かについて，経営者自身が検証しておくという対応である。

　被監査会社が適切にバックテストを行うためには，事業計画に含まれる事業方針と関連性の高いKPIを設定することが経営管理のために必要であることを経営者自身が明確に認識することが必要である。経営者が信頼していないKPIを利用してバックテストを行っても意味がないからである。また，KPIは，経営者によって設定されただけでは，業績管理のツールとして機能しない。経営者が設定したKPIが達成できるように部門別や商製品・サービス別，グループ会社別など，より下位の事業単位でも経営者によって設定されたKPIと整合するように事業単位のKPIが設定され，管理されることが必要と考えられる。企業全体のKPIが目標値を達成していたとしても，事業単位レベルでは，目標を達成した事業単位と未達成の事業単位が存在し，企業全体のKPIが企業の業績の状態を正確に示していない可能性があるからである。

　日本の上場会社の生産・販売部門の担当役員を対象としたKPIの利用実態の調査によれば，部門別のKPIの設定について，「している」が32.8％，

105

第Ⅰ部　監査の現場から見た監査品質の課題

「必要に応じてしている」が14.6%，「していない」が50.4%という結果となっており（森口，2015），トップマネジメントの経営目標達成のために，事業単位レベルでもKPIが設定され，活用されている状況とは言えないことが示唆されている。被監査会社において事業単位レベルのKPIの必要性が強く認識され，これが利用されることで事業計画の達成状況を正確に把握できる環境が整備されていくべきと考える。

　さらに，KPIを利用してバックテストを実施するためには情報システムの活用も欠かせない。KPIは，目標値を設定しただけでは機能せず，その実績を追跡し，目標値との比較分析できなければ，その業績の達成状況を把握することはできない。被監査会社で記録された大量のデータを加工してKPIの実績値として管理する必要がある。そのためには，ITやデータの利活用が重要となり，たとえば，販売管理システムに蓄積されたデータを経営者のニーズに応じて加工し，KPIの予実分析に役立て，その結果をリアルタイムで報告できるように情報システムの機能強化を図る必要がある。

　会計上の見積りに関する内部統制，とりわけ事業計画を策定し，その実行状況を管理するための内部統制については，今まであまり意識されてこなかった統制の種類である。事業計画どおりに実績が推移しないことで顕在化するのれんや固定資産の減損は，被監査会社にとって大きなリスクとして認識され始めている。企業を取り巻く環境の変化は激しく，また，M&Aなどの経営統合はますます活発になっていくと考えられ，事業計画を管理するための内部統制の整備は非常に重要となる。

5. 監査対応の強化の課題と解決の方向性

　本章では，被監査会社における監査品質の向上のための体制整備について，内部監査の強化，監査人に対する情報提供体制の強化，会計上の見積りに関する内部統制の整備の3点について論じた。しかし，現実の監査実

務において，これらの被監査会社の監査対応の体制強化は，思いどおりには進んでいないというのが筆者の現状認識である。監査制度が資本市場における社会的基盤であり続けるためには，監査人自身が監査品質の向上に向けて被監査会社に積極的に働きかける必要があるが，その活動は必ずしも十分とは思われない。これは，監査人が被監査会社の作成する財務諸表を監査する立場にあることから監査人に受け身の姿勢が染み付いているためとも考えられるし，また，監査報酬が被監査会社によって負担されており監査対応の改善について監査人から被監査会社に提案されにくい面があるためかもしれない。被監査会社においても，今以上のコスト負担をしてまで監査品質の向上のための体制強化を進めたくないという心理が働いているのも事実であろう。監査人は，監査が資本市場を支える社会的な基盤であることを自覚し，被監査会社が健全に企業価値を向上させようとする活動を後押しすることで，監査品質の向上のための体制強化が行われるように働きかける努力を欠かしてはならない。

〈参考文献〉

市原直通・首藤昭信（2017）「FinTech×監査の現状―AIで見抜く不正会計―」『企業会計』69巻6号，55-63頁。

金融庁（2017）監査法人のガバナンス・コードに関する有識者検討会「監査法人の組織的な運営に関する原則」（監査法人のガバナンス・コード）3月31日。

佐々木清隆（2015）「コーポレート・ガバナンスと監査の役割」（日本内部監査協会講演資料）。

武田雄治（2012）『「経理の仕組み」で実現する決算早期化の実務マニュアル』中央経済社。

日本監査役協会（2016）「会計不正防止における監査役等監査の提言―三様監査における連携の在り方を中心に―」『月刊監査役』662号，別冊付録。

――（2017）「監査役等と内部監査部門との連携について」『月刊監査役』663号，別冊付録。

日本公認不正検査士協会（2016）『2016年度版 職業上の不正と濫用に関する国民への報告書（日本語訳）』。

松本茂（2017）「海外M&Aの統治を問う（下）」『日本経済新聞』6月7日。

モハマド・アブドルモハマディ著，堺咲子訳（2016）「内部監査の成熟度をベンチマークする―世界中の監査計画と監査プロセスのハイレベルな調査（No.516）―」，『月刊監査研究』42巻11号。

森口毅彦（2015）「わが国企業におけるKPI（重要業績指標）の活用実態とKPIの機能―アンケートによる実態調査研究にもとづいて―」（富山大学経済学部 Working paper No.293）。

第5章のテーマに関するディスカッション　**第5章**

第5章のテーマに関するディスカッション

（1）外部監査の品質向上に対する内部監査の貢献可能性

　もともと内部監査機能は，経営者が自らの効果的かつ効率的な内部管理を実施するために，私的自治の観点から自発的に導入し運用するものである。しかし，これまでわが国では「戦後，それも主として証券取引法による会計士監査との関連において導入されたもの」（企業経営協会，1960）という理解から，上場企業であっても上場審査基準における有効な内部管理体制整備の義務付けに従うという観点から，上場する際に内部監査部門を整備するものの，上場後に内部管理体制の一翼を担う内部監査部門を廃止したり，内部監査部門に1ないし2名しかスタッフをおいていない，というおざなりな対応しか採らない企業[1]も少なくなかった。

　その後，2006年会社法が大会社に対して「取締役の職務の執行が法令及び定款に適合することを確保するための体制」を義務付けたことから，内部統制の整備が法によって強制されることとなり，少なくとも内部統制の存否とその構成要素である内部監査機能は企業にとって不可欠のものとなった。また内部監査機能の充実を前提として，国際監査基準（International Standards on Auditing: ISA）610でも，日本公認会計士協会監査基準委員会報告書610においても，内部監査機能と外部監査人が目的は異にするものの，その目的達成の方法では類似するものと捉え，外部監査人が内部監査機能を利用することを認めている。

　このような内部監査人が，企業内部に常駐し社内のなかで生じ得る不正のきっかけをつかめる可能性が高いという理解は，「2. 内部監査の強化」

---

1. たとえば，現在の東京証券取引所の有価証券上場規程でも，その207条（上場審査基準）で，新規上場申請が行われた株券等の上場審査にあたって，新規上場申請企業の内部管理体制が適切に整備され，機能していることが要求されているが，同規程601条（上場廃止基準）には有効な内部管理体制の保持に関する基準は設けられていない。

109

第 I 部　監査の現場から見た監査品質の課題

に現われている。特に四半期レビュー導入後，従前の中間監査と年度監査の頃に比して，外部監査が常時的に行われるようになったとはいえ，企業内部に常設の内部監査人によるモニタリングに及ぶものではない。したがって，内部監査がガバナンスおよび経営管理者のために独立的かつ批判的な検証機能を業務および会計監査として常時的に発揮できていれば，外部監査への貢献は十分に想定できる。

　ここでのわが国内部監査の問題は，その組織としてのモニタリングの実効性にある。すなわち，内部監査部門が1～3名の人員からしか構成されない企業が，上場企業に限定された調査ではないものの，調査対象企業1,689社のうち55％であることが明らかとされているように（日本内部監査協会，2015），わが国内部監査の現状はお世辞にも充実した体制とはなっていない。このような内部監査部門における監査資源の不十分さは，外部監査への貢献を議論する場合に無視できない点である。

　また内部監査人の監査経験の平均年数も，同じ調査において，3年未満が33.2％，3年以上5年未満が41.5％，5年以上10年未満が22.9％，10年以上が2.4％ということが明らかとされていることからも，その専門的知識や能力が評価されて当該部署に配属されているわけではなく，企業内部のジョブ・ローテーションの一環で内部監査部門に所属するものが過半であることがわかる。その事実がわかるデータとして，調査時点における内部監査担当者の出身部門について，販売・営業部門48.5％，経理・財務部門43.0％，管理部門40.6％，総務・人事・労務部門32.6％，情報システム部門23.5％，入社（中途採用）時より内部監査部門15.9％がある。これらの出身母体に関するデータからすると，会計や監査の専門知識を重視して内部監査部門への配属が決定されたわけではない。つまり，わが国内部監査機能の特徴は，どちらかというと社内事情に精通した職員による業務監査の側面から，外部監査への貢献の可能性を考慮すべき必要があると思われる。

110

（2）内部監査からの貢献のあり方

　会計や監査業務の経験の長さに特徴のあるアメリカの内部監査スタッフに対して，わが国内部監査部門の最大の特徴は，販売・営業部門出身者の多さにある。これは，粉飾等による金銭的・経済的損害よりも，食品偽装やリコール隠しといった肉体的・物理的損害をもたらす非会計的な不祥事に注目が集まりやすいわが国の状況に起因すると推測される。すなわち，リスクの顕在化を避けるべく措置するのが内部統制の１つの役割であり，その中の内部監査の役割でもあるから，コントロールすべきリスク対象の比重が国や企業ごとに異なるのは当然である。この結果，企業内部における品質管理や法令遵守をより重視するわが国では，欠陥製品や欠陥サービスとしてリスクが顕在化する前の段階で，品質管理を効果的に行える人材が必要とされる。そのためには，それらの製造プロセスやサービス提供プロセスを担当・管理してきた人材を，適時かつ適切に対応できるスタッフとして内部監査部門に配置することが望ましい。また品質上の不備が最初に顕在化するのは，顧客に納品ないし提供された時点であるため，顧客との関係に精通した人材が内部監査部門に配置される方が，顧客等からの情報収集の点で比較的好適となる。そして最終的なリスクの顕在化への対応が，不祥事を会計情報に置き換えることであるから，その後の段階で財務や会計に精通した人材が必要となる。

　このようなわが国内部監査の特徴を勘案すると，財務諸表に最終的に顕在化するレベルの具体的な会計的事象に関連するリスク情報の提供よりも，被監査会社において経済的損害に結びつく前の違法・不正行為等の非会計的事象についての原因や見通しに関する情報，すなわち主に業務監査からの得られる情報が，内部監査部門から外部監査人に提供されることが期待される。このような内部統制に対する見方は，「4. 会計上の見積りに関する内部統制の整備」でも触れられている。

　内部監査であっても，監査の方法はリスク・アプローチに依っているも

のの，対象となるリスクは財務諸表に虚偽の表示をもたらすリスクに限られず，企業活動のコンプライアンス違反リスクや経営活動の有効性・効率性の阻害リスクをもカバーする，より広範な視点でのリスク・アプローチとなっている。

　以上のように，外部監査人は，自らの一定時点的な財務諸表監査の限界を補うべく，内部監査機能を利用することは，監査機能の常時化を図ることができると考えられるとともに，財務諸表項目とその関連証憑に集中しがちな外部監査人の視野が，内部監査による経営活動の有効性・効率性やコンプライアンス評価の情報が提供されることで拡張され，企業の事業活動の理解やそのリスク評価に役立てることができると考えられる。

〈参考文献〉

International Auditing and Assurance Standards Board［IAASB］（2013）International Standard on Auditing 610（Revised 2013）: *Using the Work of Internal Auditors.*

企業経営協会編（1960）『実態分析　内部監査』中央経済社。

日本公認会計士協会（2015）「内部監査の利用」（監査基準委員会報告書610）。

日本内部監査協会（2015）『第18回監査総合実態調査　2014年監査白書』。

第6章

高品質の監査と良い循環のある資本市場

「監査品質が高まることで
企業にどんな影響がありますか?」

〈執筆者〉

井野 貴章（PwCあらた有限責任監査法人・執行役常務）

〈ディスカッション〉

林 隆敏（関西学院大学・教授）

第Ⅰ部　監査の現場から見た監査品質の課題

1. 高品質の監査が及ぼす影響

　本章では，実務家の視点から監査の品質向上が資本市場に何をもたらせ
るのかについて検討し，効率的な資本市場の実現に向けた課題を提起する。

　監査品質の定義について定まったものはないが，「提言―会計監査の信
頼性確保のために―」（金融庁，2016）（「提言」）での議論では，高品質な
監査は重要な不正を発見できる監査であることが示唆されている。重要な
不正をすべて見つけることにより，不適切な財務報告を止めることができ，
投資家が事後的なサプライズに直面することはなくなる。これはわが国資
本市場の信頼性向上につながるとされている。

　反対に，資本市場で不適切な財務報告が頻発すれば，それを発見できな
かった監査に対する信頼性だけでなく，企業に対する信頼性が低下する。
当該市場に投資するうえでリスクプレミアムが認識され，社会的なコスト
が増大する。さらに，長期投資を目的とした優良な投資家と超短期的な利
益を求める投機的な投資家のバランスに影響が及び，企業が長期的な成長
投資を行うことは困難となるだろう。

　一般的に，投資家による期待リターン要求が過度に高まれば，それを上
回る事業成果を出せない経営陣の交代が議論され，追加の資金調達が困難
になるなど，企業へ様々な圧力がかかる。その圧力は「生き残るため」と
いう合言葉のもとに，いちかばちかの不適切な経営判断を正当化するかも
しれない。さらに，その結果としての経営の失敗は，経営者を不適切な財
務報告に走らせるかもしれない。そのような財務報告に対して，高品質な
監査が多大なコストをかけて重要な不正をすべて見つけ出すにしても，そ
れは不効率で悪い循環の始まりと思われる。

　では良い循環とは何か。筆者の考える良い循環は，ディスクロージャー
による規律のある市場で，健全な投資家と企業（経営者・監査役等）が対
話し，さらに監査人がそれぞれと対話することを通じて，それぞれの課題

114

に適切に光があたって企業や監査人に改善を促し，結果として企業の業績が改善していることを確かめる循環だ。不適切な財務報告が起こってから発見するのではなく，不適切な財務報告，ひいては不適切な経営判断が起こらないようにする循環だ。この時，社会的なコストが最適化されている可能性がある。

　高品質な監査が重要な不正を見逃してはならないことは当然である。しかし，筆者の考える高品質な監査はもう一歩進んで，ディスクロージャーによる規律と対話を通じて，このような良い循環の重要な一助になる監査である。もちろん，高品質な監査だけで良い循環を市場に生み出せるなどと自惚れる監査人はいないだろう。高品質な監査だけが，ようやく良い循環を維持することに貢献できるにすぎない。

　高品質な監査は，企業のディスクロージャーによる規律を支えると同時に，監査法人のディスクロージャーによる規律により進化するものであり，結果として「改善を促す」企業のガバナンスに貢献する。これを「良い循環」のある資本市場の一要素と考え，その実現に向けて関係者が努力することを主張したい。

　以下，企業と監査法人のディスクロージャーによる規律についてそれぞれ検討したうえで，「良い循環」のある資本市場における課題の提示を試みたい。

2. ディスクロージャーによる規律の効果と必要な条件

　一般投資家の目で見た場合，財務報告の失敗は発覚して初めて気が付く。それまでは，経営も監査もうまくいっており財務報告がそれを反映しているのか，それとも，経営も監査も失敗しているのだが財務報告が歪められてうまくいっているように見えるのか，この違いを外から知ることは容易でない。

　そこで，経営も監査もうまくいっており財務報告が失敗していないとい

第Ⅰ部　監査の現場から見た監査品質の課題

うことを知るため，「どのような経営が行われ」，「どのような監査が行われているか」が少しでも明らかにされるメリットが，投資家側には存在する。

　他方で，財務諸表を作成する企業側と監査品質の報告書等を作成する監査人側は，経営や監査に関するディスクロージャーには慎重になる傾向がある。開示した内容は市場の厳しい目にさらされ，場合によっては責任を問われることになるためである。

　しかし，これはディスクロージャーに対する一面的な見方にすぎない。ディスクロージャーには，情報の出し手の行動を改善し「良い循環」を生み出す力がある。一度開示すると，世に宣言したことや改善の約束を実現させるために社内でさらなる行動が起きる。これをきっかけにさらなる改善が導かれることがある。それらをディスクロージャーによる規律と呼びたい。

　ディスクロージャーによる規律は，自発的な行動を促す点で本質的な強さを持つ。こうした自発的な改善が存在する資本市場は，それがない場合に比べて効率的であり，筆者は少しでもそれを目指していくべきだと考えている。

　企業で「どのような経営が行われているか」に関するディスクロージャーによる規律は，まずは企業の内部から始めるべきだ。正しい課題認識により正しい改善が導かれ，その過程をある程度開示することでさらなる改善行動が期待できる。

　たとえば，ある事業成果を社内で説明する際，成果を導いた戦略の説明も必要であろう。しかし，成果が生じた場合には，「必然の成功」として大いに語られる一方で，失敗した場合には，「偶然の失敗」として片付けられているとしたら危険な兆候である。

　戦略と成果の関係は，現実には必然の場合も偶然の場合もある。しかし，偶然の成功さらには必然の失敗について安心して客観的に語ることができる環境がない場合には，どうなるか。その時の説明量を箱の大きさに表現したのが**図表6-1**である。

116

高品質の監査と良い循環のある資本市場　第6章

図表6-1　成功/失敗と必然/偶然の説明量

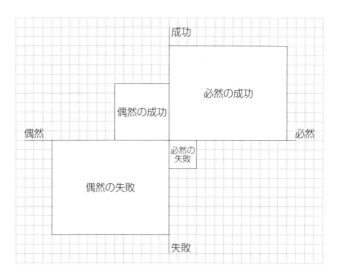

　答えを知りながら行う経営判断は少ない。経営施策が奏功したと「必然の成功」として大いに語られるが，それは「偶然の成功」であった可能性もあるはずだ。偶然性を自己批判できないと次の経営判断を誤るかもしれない。同様に，自分でコントロールできない要因による失敗は「偶然の失敗」として多く語られるが，予見可能性がないと言い切るのも難しいはずで，経営施策が逆目に出たと自己反省できないと次の経営判断を誤るかもしれない。後からよく考えれば「必然の失敗」と定義されることも少なくなさそうだ。

　社内説明の場で適切な議論ができないと経営の危険が増す。他方で人間の弱さとして自分の失敗を積極的に語ることの難しさがある。だから，結果としての成功と失敗についてだけでなく，その過程についても適切に語ることができる環境があるかどうかは，ディスクロージャーによる規律が機能するために重要な論点になる。また，人間の弱さを克服する工夫として，意思決定に必要な情報が自然に上がってくる仕組みがあると，説明す

るかどうかの迷いは断ち切れて最初から前向きに対処するマインドを醸成しやすい。これまたディスクロージャーによる規律が機能するために重要な論点である。

　そして，このような経営に関する情報について，対外的にも適切にディスクロージャーが行われ，情報の出し手である企業と，受け手である投資家等の間の対話が行われるのであれば，適度な緊張感とともに，両者の知見を活かしたさらなる企業行動の改善が促進される可能性がある。この効果を得るためには，情報の出し手と受け手の間には健全な信頼関係が必要であり，その関係もまた対話により醸成されると考える。

　さて，こうした考え方はすべての組織にあてはまると思われる。「どのような監査が行われているのか」を開示している監査法人にとっても同じことだ。まずは監査法人の内部から取組みを始め，対外的なディスクロージャーおよび対話を行うことは，持続的な監査品質の改善に寄与する可能性が高い。この活動は，適切な社会からの質問やフィードバックがなければ，緊張感は失われるだろう。

　では，監査法人のディスクロージャーが，監査品質を改善する規律をもたらすためには，何が必要だろうか。

　第一に，監査法人の側で提供する情報の質と量を確保することだ。監査法人は，関係者の間で的確な議論が促進されるよう的確に自己の状況を説明する必要があるし，自らの監査品質を向上する態勢にかかる有効性評価の方法と結果を開示し，さらに外部の第三者の見解を開示するなどして，提供する情報に関する説明責任を明らかにする。適正表示が信頼確保のために欠かせない点は企業の財務報告と全く同じである。

　第二に，監査法人が提供した情報について，情報の受け手側の行動も鍵となる。監査法人はそれぞれの特徴を有する民間企業であり，改善すべき課題を抱えながら競合他社と競争している。歴史を見れば監査法人の無謬性が神話にすぎないことは明らかであり，関係者が監査法人を評価することは，その特徴や課題改善への取組みを評価することに等しい。

企業に投資する機関投資家があまりに短期的な利益を求めれば経営者が判断を誤るリスクがあることから，対話を通じた企業の持続的成長を促すべくスチュワードシップ・コードが制定されたように，監査法人を選ぶ監査役等の行動原理においても，監査法人の現状を正しく把握し，改善の施策を理解し，進捗をモニターすることで冷静に監査法人の経営を評価することが考えられる。

この場合にも，情報の出し手としての監査法人と，受け手としての監査役等の間には健全な信頼関係が必要となる。監査法人が監査役等と対面の場で提供する情報は，次第に監査法人の戦略的な情報を含むようになるかもしれない。監査法人も民間企業として競合他社と競争しているので監査法人から提供される非公開情報は第三者と共有されるべきものではない。非公開情報を入手した監査役等には情報管理の在り方も問われることになろう。監査法人は職業的な守秘義務を重視している。企業側も同様に監査契約に関する守秘義務を重視していけば，監査法人が出す情報の質と量に影響を及ぼすことができ，対話にもより深みを持たせることができるだろう。

さらに会計監査人は投資家と対話し，どのような監査が行われているかを説明するとともに，監査報告の受益者の声を理解すべきことが「監査法人の組織的な運営に関する原則」（監査法人のガバナンス・コード）（「コード」）（金融庁，2017）に求められている。先進の諸外国も含めてどの監査法人もこの要求への対応に苦労している。人生をかけて投資している投資家と話すと，その分析は深くその声は重い。それだけにこの取組みは監査人が会社を理解するうえで間違いなく役に立ち，今後の財務諸表等の開示に対する監査人の見方に影響を及ぼすだろう。その結果，企業と投資家の対話に影響をもたらす可能性もある。だから監査法人も企業も適切な投資家と対話することが有益となる。さらに投資家との対話により，良い循環のある資本市場をつくるための社会的コスト（監査に何を求めるのか，財務諸表の正確性を担保するコストは何か）のコンセンサスが作られることも期待したい。

第Ⅰ部　監査の現場から見た監査品質の課題

3. 「良い循環」のある資本市場に向けて

　今でも資本市場では，各参加者の一定の信頼関係のうえに所定の情報が開示され，監査され，検査され，それらの内容について開示や対話がなされている。実務の状況は当局等によりモニタリングされ，各種コード等の対応状況を分析した結果が定期的に市場に供給されている。

　しかし，今より質の良い情報が市場に提供され，今よりも市場参加者が根拠を持って判断でき，結果的に市場参加者に支持された企業行動により持続的な成長が実現する資本市場では，今よりもサプライズが減少し市場の安定性が高まっている状況が想定できる。そのために市場にかかわる者にはそれぞれ変化が求められると考える。

　大規模な機関投資家はより専門的な知見に基づき投資を行うことが期待され，それ以外の投資家はアナリストや投資アドバイザーの情報を参考とすることや，投資信託を利用することも可能である。スチュワードシップ・コードは，今後も定期的な見直しの検討が要請されており，顧客・受益者の中長期的なリターンの拡大を図る投資の受託者の行動に対する継続的な改善が期待できそうだ。投資家や投資の受託者（投資家等）と投資先企業等の対話については今後も重要なテーマとして認識されているところに，投資家等と監査法人の対話も期待されており，監査の在り方にも，その開示の在り方にも影響を与えるだろう。また，大規模な投資家等は，投資家としての行動の開示等を通じ，リスクを選別しリターンを得る主体として，さらに市場に対して影響力のある存在になる可能性がある。

　大企業は，コーポレートガバナンス・コードへの対応を進化させている。そして専門的知見を有する投資家等を相手に開示を行う。競合他社も存在する以上，企業機密のすべてを詳らかに開示するものではないとはいえ，日本企業の有価証券報告書は海外企業の年次報告書に比べて開示に積極的と言えない場合が多かった。特に経営判断にかかわる情報は多くない。

120

高品質の監査と良い循環のある資本市場　**第6章**

　企業に対し投資家は将来予測情報を求める傾向がある。企業の側でもこれに応える動きが始まっているが，単に，予測・見積り情報の開示初年度はその精度がわからずに投資家も取扱いに困ることになるだろう[1]。しかし，もし予実分析のかたちで，過去における予測・見積り情報と実績情報が開示されたらどうか。予測・見積り情報の作成過程を分解し，使用した計算モデルの論拠や，主要な仮定値の変動がもたらす経営成績や財政状態への影響の幅が開示されたらどうか。見積りと実績の違いは今まで以上に投資家等の質問に晒されることにより，翌年度の予測・見積りの精度が向上することにならないか。こうした開示はすでに始まっている。

① 　国際会計基準では，見積りの感応度の開示が要求されている。重要な見積り数値の結果に影響を及ぼす重要な仮定を動かした場合に，どのような影響が決算に及ぶかを分析するものだ。投資家にとっては，一義的に決定されている決算数値をやや動態的にとらえることができる可能性を持つ。ただし，すべての見積り項目に等しく開示されているかと言えば，必ずしもそうではないかもしれない。

② 　ドイツでは，企業が将来予測に資する情報を開示し，監査人は一年後の実際の展開と比較しながら一定の検証を行う実務がある（内藤，2015）。一年後に結果が公開され予測と比較される中でも経営陣は無理な見積りをするのだろうか。投資家やアナリストはどのように活用しているのだろうか。開示による規律が働く環境にあれば，見積りの精度向上に貢献していることが期待されるが，この効果の証明は中立的な研究者による実証研究を待ちたい。

　これらの対応は，各企業の競争上の事業秘密を守りながら，ステークホルダーと対話しなくてはならない難しさに対峙するものである。国際的に

1.　予測・見積り情報については，「主観的な判断の介入する余地が大きく，また検証可能性が乏しいことから，情報の信頼性が著しく低い。投資意思決定のための情報利用者のニーズに応えようとするあまり予測・見積り情報を重視し過ぎると，検証可能性の欠如により，むしろ有用性は低下することもありうる点を十分に考慮しなければならない。」という正論がある（片山，2009）。

121

第Ⅰ部　監査の現場から見た監査品質の課題

も試行錯誤が続けられており，今後も研究すべき領域と考えられる。

　良い循環のある資本市場では，重要な経営判断に関連した一定の情報が今より強く求められるだろう。投資家は，経営による推論やリスク評価の過程を知りたいし，経験的な正確性を確かめるべく過去の予算・実績分析の結果も求めるかもしれない。企業と投資家の対話においては，特定の投資家への情報提供の偏りに配慮しながらも意味のある対話ができるよう，情報開示を拡充する圧力が高まるだろう。

　監査人は監査品質の向上は当然のこととして，どのような監査をしているのかについてさらに説明責任を負う。「コード」により，監査品質に取り組む態勢を監査品質の報告書等により開示することや投資家との対話が求められている。同報告書を開示する諸外国の例を見ると，その内容は監査品質を担保するための仕組みの説明に加えて，インプット（監査資源等）とアウトプット（外部検査結果等）を定性的，定量的に説明している。ただし，アウトプットとインプットの因果関係が適切か，アウトプットの目線の変化をどう説明するか，他社との比較可能性をどう考えるべきかなど，投資家や監査役等さらには学会をも交えた議論がなされていくだろう。また，監査報告書の透明化・長文化により，個別の監査業務における重要論点の検討過程を記述する監査報告書改革が諸外国で始まり，日本での議論も始まっている。同制度を導入した国では，監査報告書に記載される監査上の主要な検討事項に関して，投資家からの質問を見越して，企業自ら関連する開示を拡充する傾向が見られる。もし，監査法人による監査品質の報告書等の開示や監査報告書の透明化・長文化への対応がボイラープレートな形にとどまり，本来焦点を当てるべき重要な要素に切り込んでいない場合には，企業の対応もボイラープレートな対応にとどまるだろう。監査法人による情報開示により，投資家が手にする情報が質・量ともに改善しなくては，これらの制度を導入する意味はない。まずは監査業界を挙げて適切な対応を実現しなければ，一連の監査改革は台無しになる。

　監査役等は，監査人の選解任の議案を決定し，監査人の監査結果を評価

する。監査役等の監査結果は株主総会で報告されるが，現行制度上は一般に公表されることはない。監査人と監査役等とのコミュニケーションについては，会社法や監査基準委員会報告書260に定めがあるが，コーポレートガバナンス・コードや監査法人のガバナンス・コードにおいてもその意義が強調されている。監査人側からの情報提供を拡充するため，2016年より公認会計士・監査審査会による検査結果の通知方法が変わり，またその内容が拡充された。さらに，同審査会が一般向けに公表している監査事務所のモニタリングレポートの情報も，質的にも量的にも拡大した。今後，監査報告書の透明化・長文化が導入された場合，監査人の個別論点対応を監査役等がどのように判断したかに関心を寄せる投資家等も現れるはずだ。すると投資家と監査人の対話においては，企業におけるガバナンス体制の整備・運用状況についても話が及ぶだろう。監査役等を支援する体制強化はすでに論点になっているが，現状の対応に加えてさらなる拡充が求められるケースが多いだろう。

　監査の質を検査する日本公認会計士協会や公認会計士・監査審査会による品質管理レビューや外部検査も進化する。日本公認会計士協会も2016年から始まった関根愛子会長の新体制のもと，監査法人に対する品質管理レビューの在り方や結果公表についての議論が盛んに行われている。監査監督機関国際フォーラム（IFIAR）の恒久的事務局の東京誘致が2017年に実現し，連携を深める金融庁や公認会計士・監査審査会は引き続き海外の検査動向にも関心を寄せつつその発言力を増していくだろう。大規模な海外ネットワークを有する会計事務所における国際的な監査品質のバラつきの問題，監査法人の独立性の問題（監査法人のローテーションを含む）といった監査法人内部のプロセスや，監査制度の議論が話題になっている。さらに，監査の本質的な問題（特に企業に内在する問題）を見極め，適切な対応が関係者によりなされたかをチェックし，検査結果を開示する実務も進化するべきだろう。免許業種である監査法人は，外部のレビューや検査に応じて自らの監査を進化させる側面がある。

第Ⅰ部 監査の現場から見た監査品質の課題

　内部統制報告制度で先行する米国に目を転じると，米国上場企業の財務諸表を監査する監査事務所は，PCAOB[2]により定期的に監査品質の検査を受けている。個別の検査結果は一部の情報が開示される。これを分析すると，ここ数年の間に検査指摘が増えている領域の１つは内部統制の問題，特にレビューコントロールに関する問題である。監査基準上に明確な定義はないが，レビューコントロールは通常どの企業でも行われている重要な統制活動であって，実施にあたり相当の知識や経験が求められ，定型的な対処では済まず，つまり文書化も容易でない活動である。たとえば，予算・実績の比較と調査，会計データと業務データの比較と調査，内部データと外部データの比較と調査といったものだ。これらは，独立した２つの情報を比較し調査することを通じて，想定していなかったことが起きていないか，異変があったら何を原因としたものか，原因を踏まえた異変に対する適切な対処がなされているかを明らかにしていく。気付きと結論を文書化し上席に報告することでそれぞれの担当者の職責を明らかにしていく。統制の有効性を確保すべく，統制活動が不適切な誘因や圧力から隔離されたところで実施されねばならない。この重層的な流れと各層における文書化は，もはや経営者が容易に内部統制を無効化することはできないだろう。

　PCAOBは企業が実施するレビューコントロールに関して監査人が内部統制監査として入手した心証が不足しているという指摘をする（PCAOB Staff Audit Practice Alert No. 11（2013）参照）。単に監査人の監査作業が不足している場合もあるが，そもそも企業側でレビューコントロール自体が厳格に運営されていない場合も少なくない。監査事務所は次の検査で同じ問題が指摘されないよう監査手続の改善を図るが，相当のケースにおいて企業側のレビューコントロールの運用を厳格にするよう指導しているはずだ。昨今のPCAOB検査では内部統制の整備・運用状況を丹念にレビ

---

2. PCAOB（公開会社会計監督委員会）は，米国企業改革法に基づき2002年に設立された非営利法人で，SECの監督下にある。監査基準，品質管理基準，倫理・独立性規則等の策定に加え，監査事務所等に対する検査・調査および懲戒処分などを行っている。

ューされている印象があるが，これは筆者の属するグローバル・ネットワークでも同じ認識だ。PCAOBは監査人に対する検査を通じて企業の内部統制の在り方に影響を及ぼしているとも考えられる。

　わが国においても，日本公認会計士協会と公認会計士・監査審査会の検査をどう組み合わせるのが社会的に優れた方法か，検査官はどうあるべきか，様々な活動を支援するための十分な予算が確保されているか，その財源と受益者の関係性は整合的かなど，社会的で持続性のある仕組みの在り方についての議論も行われるかもしれない。

〈参考文献〉

Financial Reporting Council［FRC］（2015）*Extended auditor's reports – A review of experience in the first year.*

—— （2016）*Extended auditor's reports – A further review of experience.*

The International Auditing and Assurance Standards Board［IAASB］（2014）*A Framework for Audit Quality.*

The Public Company Accounting Oversight Board［PCAOB］（2013）Staff Audit Practice Alert No. 11.

片山英木（2009）「第6章　予測・見積りと会計情報の特性」八田進二編著『会計・監査・ガバナンスの基本問題』同文舘出版。

金融庁（2016）会計監査の在り方に関する懇談会「提言—会計監査の信頼性確保のために—」3月8日。

千代田邦夫・鳥羽至英（2012）『企業監査と企業統治（体系現代会計学）第7巻』中央経済社。

鳥羽至英（2017）『財務諸表監査における懐疑』国元書房。

内藤文雄（2015）「ドイツにおける企業リスク情報開示の規定改正と監査への影響」。

蓮沼利建（2016）「日本監査学会第39回全国大会内部監査シンポジウム報告　三様監査連携強化によるグループ監査・監督機能の改革（要旨）—日立グループの事例—」。

八田進二・伊豫田隆俊・橋本尚（2016）『会計のいま，監査のいま，そして内部統制のいま』同文舘出版。

吉田周邦（2014）「監査組織における職業的懐疑心の展開」（岡山大学経済学会雑誌46）。

第Ⅰ部　監査の現場から見た監査品質の課題

第6章のテーマに関するディスカッション

（1）議論の舞台

　本章では，市場主義経済における資本市場を舞台として，財務諸表監査の品質を高めるための「好循環」を実現するために必要なディスクロージャーの在り方と市場参加者の在り方を論じられている。具体的には，本章の議論は，「提言」および「コード」に提示された考え方を展開したものである。

（2）財務諸表監査の経済的機能

　財務諸表監査の経済的機能として，利害調整機能（モニタリング仮説），意思決定支援機能（情報仮説）および保険機能（保険仮説）が識別されているが（Wallace, 1986），上述の市場主義経済のもとでの資本市場において財務諸表監査に期待される機能は，意思決定支援機能である。すなわち，財務諸表監査は，資本市場における取引当事者間の情報の非対称性を緩和し，取引を円滑に進めるために開示される財務諸表に信頼性を付与することによって，適正な株価決定を通じた資源の効率的配分に寄与することが期待される。

　本章ではさらに，このような財務諸表（企業のディスクロージャー）にかかわる意思決定支援機能を有する監査品質を高めるためには，監査人によるディスクロージャーも重要であると主張されている。つまり，売り手である監査人が監査の質に関する情報を開示し，買い手である株主（の代理である監査役等）が当該情報に基づいてどの監査人の監査サービスをいくらで購入するかを決定するという，監査サービスの市場も視野に入れて，議論が組み立てられている。

126

（3）ディスクロージャーによる規律と対話

　本章の特に重要なキーワードは「ディスクロージャーによる規律」と「対話」である。情報の出し手が情報の受け手の反応に応じて行動を変える情報のフィードバック効果は知られているところであるが，「ディスクロージャーによる規律」は，この効果だけでなく，情報開示という行為そのものによって情報の出し手の行動が変化することにも注目している。本章の特徴は，この「ディスクロージャーによる規律」の効果を経営者（企業）だけでなく監査人（監査法人）にもあてはめているところにある。また，情報の出し手と情報の受け手の「対話」により，情報の出し手の行動の改善が促進されるという。「対話」の主体としては，投資家と企業（経営者，監査役等），監査人と監査役等，および監査人と投資家が想定され，対話の主体間には健全な信頼関係が必要であるとする。

（4）自発的開示

　このような考え方のもとで，「どのような経営が行われているか」（企業）および「どのような監査が行われているのか」（監査人）に関するディスクロージャーによる規律は，まずは内部から始めるべきであると主張されている。情報開示について「監査法人の内部から取り組みを始め，対外的なディスクロージャーおよび対話を行うことは，持続的な監査品質の改善に寄与する可能性が高い」という本章の指摘は，監査法人のガバナンス・コードの「対内的効果」と「対外的効果」を指摘した林（2017）と軸を一にするものである。

　財務会計には，経営者が有する私的情報の開示を通じて情報の非対称性を緩和する機能がある。資本市場が効率的に機能するためには経営者による情報開示は必須であることから，制度的には，経営者は法的な要請に基づいて情報の開示を行う。また，経営者は，法的に要請される必要最低限の情報の開示にとどまらず，これを補完するものとして自社の経営状況に

第Ⅰ部　監査の現場から見た監査品質の課題

関する情報を自発的に開示することがある。追加的なコストがかかる自発的開示が行われるのは，それによって自社株式の流動性の向上や資本コストの低減などの効果が期待されるからである。「コード」では，コードの適用状況や監査品質の向上に向けた取組みに関する情報開示を充実すべきことが謳われているが，監査に関する情報開示の進展には情報開示のインセンティブが必要であることは言うまでもない。具体的には，監査人が開示した情報に基づいて，当該監査人が提供する監査品質が適切に評価され，その評価に基づいて監査契約や監査報酬が適切に決定されることが理想である。

（5）高度な専門業務の説明の困難さ

　しかし，専門家が提供する業務（サービス）については，提供者と利用者との間の情報の非対称性が大きく，また，高度な専門性のため，業務の内容や専門家の判断を理解することは容易ではないという問題がある。例えば，医療の世界では，インフォームド・コンセントの手続において医師の説明が行われるが，これをめぐって医師の「説明義務違反」を問う医療訴訟が提起されている。「監査法人のガバナンス・コード」の要請に基づいて監査法人が情報を開示するにあたり，専門家ではない関係者が監査の質を評価できるようにするためにはどのような情報を，どの程度，どのように開示すればよいかという開示情報の質と量の問題は，試行錯誤により解決するしかないであろう。

　このことを大学における研究・教育の質向上にかかわる議論との対比によって考えてみたい。林（2017）において，監査法人のガバナンス・コードを論じるにあたって大学改革を引き合いに出したが，特にここ10〜15年ほどの大学では，ガバナンス体制の改革に合わせて，自己点検・自己評価制度が導入され，まず課題を洗い出し，当該課題の解決・改善に向けて目標を設定し，当該目標の達成状況を点検・評価し（近年ではKPIの設定も求められる），点検・評価結果を次の行動計画に反映するという，いわ

ゆるPDCAサイクルを回すことが求められている。そして，自己点検・自己評価の実効性を担保するために，第三者による検証として認証評価制度が導入されるとともに，各大学による自己評価結果の開示や大学ポートレートを通じた教育情報などの情報開示が求められている。

　大学に籍を置く者の実感として，上述のような大学改革の最大の問題は，どのような施策を実施すれば研究・教育の質が向上するのか，どのような情報を開示すれば利害関係者に有用であるのかは，明確にはわからないということである。その理由を突き詰めて考えれば，教育および研究の質を定義すること，ならびに教育および研究の質を測定ないし評価することが難しい，ということに行き着く。このような状況は，現在の監査法人が置かれている状況と酷似していると言えよう。

　大学における質保証システムの構築と関連する情報の開示も試行錯誤をしながら，ゆっくりと前進している状況にある。監査の質向上に向けた監査法人の取組みもおそらく同様の道を辿ると考えられ，まずは本章の「3『良い循環』のある資本市場に向けて」に示された関係者の取組みと関係者間の対話が重要な鍵を握ると思われる。

〈参考文献〉

Wallace, W. A.（1986）*The Economic Role of the Audit in Free and Regulated Markets, PWS-Kent Publishing Company.*（千代田邦夫・盛田良久・百合野正博・朴大栄・伊豫田隆俊訳『ウォーレスの監査論—自由市場と規制市場における監査の経済的役割—』同文舘出版，1991年。）

金融庁（2016）会計監査の在り方に関する懇談会「提言—会計監査の信頼性確保のために—」3月8日。

＿＿＿＿（2017）監査法人のガバナンス・コードに関する有識者検討会「監査法人の組織的な運営に関する原則」（監査法人のガバナンス・コード）3月31日。

林隆敏（2017）「『監査法人のガバナンス・コード』の意義と課題」日本監査研究学会課題別研究部会『監査の品質に関する研究—中間報告—』（部会長：町田祥弘），日本監査研究学会第40回全国大会（於：北海道大学）において配付。

第 II 部

「監査法人のガバナンス・コード」への対応を聴く

※第 II 部のインタビューは「『監査法人のガバナンス・コード』への対応を聴く」『週刊経営財務』（税務研究会）3323号〜No.3325号』を，加筆・修正したものである。

第7章

有限責任 あずさ監査法人

左から,服部氏,金井氏,和久氏

〈インタビュー〉

品質管理の責任者:金井 沢治(専務理事・パートナー)
監査実施の責任者:服部 將一(常務執行理事・企画本部長・パートナー)

聴き手:町田 祥弘(青山学院大学大学院・教授)

〈その後の変化・進捗について〉

執筆者:和久 友子(パートナー)

第Ⅱ部 「監査法人のガバナンス・コード」への対応を聴く

1．コード公表後の取組み

町田：「監査法人のガバナンス・コード」（以下，コード）の公表後，現在，あずさ監査法人（以下，あずさ）ではどのような取組みをされているのでしょうか。

金井：まず，2017年7月から組織的運営をより実効的に実施するための新ガバナンス体制に移行しました。最も重要な点は，経営と監督・評価を大きく分離したことで，2つの機関を新設しています。1つは監督・評価に関する機関である「経営監視委員会」。これは経営に携わらないパートナーが経営の監視と品質向上のための取組みについて，その実効性を評価する機関となります。

　それから独立性を有する第三者による監視機関として「公益監視委員会」を新設しました。法人の重要な活動および事案について，経営監視委員会から報告を受けるとともに，理事長または専務理事との協議を実施しています。公益監視委員会は，外部委員4名（浦野光人氏，石田浩二氏，福川伸次氏，阪田雅裕氏）と，内部委員2名で構成しています。

　ただ，監査品質の向上に関しましては以前から取り組んできていまして，必ずしもコードが出たことをきっかけに何かを始めたというわけではありません。たとえば公益監視委員会についても，私たちは1年前から，経営監理委員会という機関を設置して，同様の目的の達成を目指してきています。

町田：従前からの経営監理委員会と，新設された公益監視委員会の違いは何ですか。

金井：実質的には同じです。メンバーも，外部委員4名は同じですが，組織を再編しましたので，その位置付けが，「公益」の観点からのモニタリングということで明確になりました。

町田：公益監視委員会における外部委員の，選任基準や方針，プロセスなどはどのようになっているのでしょう。

134

金井：最終的には外部の方の知見を経営に生かすという目的がありますので，企業経営を長く経験された方，金融機関出身で公的機関の委員を務められた方，官庁等の出身者，法律の専門家と，幅広いご経験の方を選任しております。プロセスは，我々の人的ネットワークを通して，法人として候補の方を広く集め，その中で独立性の要件等を勘案しながら選任するという流れです。

　その中で，独立性に関しては被監査会社での勤務経験等がある方を選任することも含めて，他の公益監視委員会の委員の方にも意見をうかがいながら慎重に検討しました。

　選任にあたっては，その方のご経験や，我々の法人運営についてどのような貢献をしていただけるかという点を重視した結果として，現状のようになったという経緯です。

町田：公益監視委員会のミッションは何でしょうか。経営に対する外部アドバイザリーなのか，それとも，監査の品質に対する何らかのコミットメントがあるのでしょうか。

金井：公益監視委員会は，公益性の観点から監査法人の経営が健全に行われるように監視することを任務とします。個々の監査エンゲージメントの判断および結論には影響を及ぼしません。また，経営の意思決定には関与しないという設計になっています。これらに抵触する場合には委員の独立性の要件が厳しくなるためです。

町田：あくまでも，監査法人の経営を第三者の観点からモニタリングするということなのですね。一方，経営監視委員会のミッションについてはいかがですか。

服部：経営監視委員会は，経営の監視と監査品質向上のための取組みの実効性を評価します。こちらも直接的に経営等に関与していくことはないのですが，経営側の品質管理の取組みが機能しているかをモニタリングする立て付けの組織になっています。

第Ⅱ部 「監査法人のガバナンス・コード」への対応を聴く

２．透明性報告書の作成プロセス等

町田：品質管理への取組みを記載した報告書として「AZSA Quality」（以下，AQ）を出していますね。これは，コードで求められる「透明性報告書」であると理解してよいのですか。

服部：コードの要請に対応する品質管理に関する報告書という意味では，このAQ2016がそれに該当するものですが，これは必ずしも「透明性報告書」ではありません。KPMGのグローバルなネットワークでは，「Transparency Report」の作成基準や枠組みが決まっていますので，AQはそれには該当しないものとして公表しています。その作成の枠組に従うだけでは，読みづらい点や説明不足となる点もあるため，AQはそれに縛られることなく，いろいろな情報を盛り込んで作成しました。

町田：AQは，「Transparency Report」の枠組みとはどのような点が違っているのですか。

金井：「Transparency Report」の場合，グローバルにより記載フォーマットが決められているため，私たちが出したいと思っている情報のすべてを出しきれないことがあります。フレキシビリティが下がってしまうのですね。こうした書類を出す目的は，監査法人の業務運営を世の中の方に知ってもらうことです。それにもかかわらず内部の都合で出せない情報が出てくるということだとすれば，本来の目的を達成できない可能性があるので，このAQという形が，目的に照らした情報提供として，より良いものだと考えています。

町田：AQを拝見しましたが，過去５年間の行政処分についても具体的な案件が記載されていて，少々驚きました。こうした情報は最初から出す方針だったのでしょうか。

金井：AQにおいては自分たちにとって都合の良い情報だけを選ぶのではなく，ネガティブなものでも，情報として出すべきものは基本的には出そうという

136

方針です。

町田：AQは法人内のどの部門が作成しているのでしょうか。

服部：経営企画室で作成しています。ただ，品質管理に関する内容が入る部分については，品質管理部門に原稿を書いてもらいました。AQにはガバナンスに関する内容や，IT関係のいわゆる次世代監査技術に関する記載などもありますので，所管する部署ごとに原稿を書いてもらい，それを取りまとめたうえで全体の構成を考えて作成しています。

町田：品質管理部門ではなく，経営企画室で取りまとめているのは，なぜなのでしょうか。

服部：いわゆるコード対応や品質管理だけではない内容を盛り込んでいるからということもありますが，監査品質の向上は法人全体として取り組むべき事項なので，経営企画のほうが相応しいと思っています。

3．コード公表後の現場の変化

町田：コードは監査の現場に何か影響を与えているのでしょうか。

服部：コードの公表による影響と限定して考えることは非常に難しいのですが，企業の監査役等とのコミュニケーションが変化してきているということが挙げられるのではないでしょうか。我々の品質管理に関する説明をさせていただく機会や，企業側から質問されることが，非常に増えてきた，ということが1つの変化としてあると思います。

その他，手続的な部分では，コードの指針2-2における「監査に関する業務の効率化及び企業においてもIT化が進展することを踏まえた深度ある監査を実現するためのITの有効活用の検討・整備」という要請に応えて，ITに関しては，次世代の監査技術などをいかに進めていくかという点について検討をさらに加速させているところです。

第Ⅱ部 「監査法人のガバナンス・コード」への対応を聴く

4．監査規制の強化と現場の変化

町田：近年，東芝の事例に限らず，上場企業の不正事例が相次ぎ，また，「会計監査の在り方に関する懇談会」の提言の公表もあって，監査規制が再強化される流れがあるように思います。監査の現場にも，何か変化はあったのでしょうか。

金井：一連のプロセスで考えますと，やはり公認会計士一人ひとりの問題意識，責任意識，それから被監査会社の受け止め方というのは，大幅に変わったと思います。それは主に，被監査会社におけるCEO，CFO，監査役等とのコミュニケーションの部分ですね。たとえば私たちの「意見」，これは最終的な監査意見に限らず，監査のプロセスにおいて気付いた点という意味での「意見」に対して，非常に耳を傾けていただけているように感じます。

町田：コード対応に限らず，法人として今後充実させていこうと思っている点があればお聞かせいただけますか。

服部：AQ2016追補版の公表時には間に合いませんでしたが，株主，その他の資本市場の参加者等との意見交換に関しては現在取り組んでいるところです。あとは，監査品質向上に向けた取組みをさらに実効性のあるものにしたいと考えています。結果としてそれが実現できているかどうかは，ステークホルダーから見られていると思いますので，その眼を意識していきたいと思います。いずれにしても，新しい仕組みやチェックリストができあがったからこれで終わりということではなく，常により良い方向性に向かって改善していく必要があると考えています。

5．監査品質への取組みの特徴や強み

町田：最後になりますが，あずさにおける監査の品質への取組みについて，特徴的な点，「強み」と言える点を教えてください。

138

金井：組織再編を通して，風通しの良い組織をつくってきたというのが１つの特徴かと思っています。今のあずさができるまでの間に，異なる法人，それから異なるメンバーファームと提携を進めておりますが，それぞれの局面で，事業部の再編を行っています。

　90年代には，いち早く事業部制に移行するという大きな変化がありました。それまでは事業部ではなく，出身母体をベースとして影響力のある会計士を中心とする業務運営が行われていましたが，これを取り崩したという点で大きな変化だったと思います。それでもまだ各事業部ごとに出身母体の片寄りがありましたが，2000年の初めはこれを完全に入れ替えまして，一事業部に，国内法人出身者，KPMG出身者，アンダーセン出身者等が，出身母体に関係なく同居する形になりました。90年代の事業部制移行，2000年の組織再編，提携先グローバルファームの変更や合併を通じて風通しの良い組織ができていますので，これが品質向上にもつながっていると思います。

　また，バックグラウンドの異なる者がそれぞれ経営陣に入っていることで，監査法人のあるべき姿に対して忌憚のない意見交換や，向かうべき方向性に関する意見を述べて，議論ができるということも強みだと思います。

服部：もう１つ，あずさの特徴として「４つのディフェンスライン」という組織的な品質管理体制があります。これは，「監査チーム」，「監査事業部」，「品質管理の各部署」，「経営責任者等」のそれぞれが，監査品質に関して自ら果たすべき責務を明確にしたものです。

　この４つの中では品質管理の中核を担う監査事業部の重要性が非常に高いです。監査事業部は，品質管理の各部署から入手した監査リスクに関する情報や過去のモニタリング等により把握した情報をもとに，品質管理責任者が中心となって監査関与先の監査リスクを評価しています。それらのリスク評価結果に基づき，事業部長のリーダーシップのもと，人事担当責任者等との連携により適切な人材配置などを行い，本部がその実効性をモニタリングするという仕組みが構築されています。

　最終的には経営責任者等がこの仕組みの実効性や，監査の現場が機能する

第Ⅱ部 「監査法人のガバナンス・コード」への対応を聴く

かどうか，といった点に関する責任を負うことになるのですが，この４つの
ディフェンスラインがそれぞれ責任感を持って各々の責務にあたることによ
って漏れのない組織的な管理体制を築くことができ，監査品質に万全を期し
ているという点が我々の特徴であり強みだと思っています。

その後の変化・進捗について　第7章

●●● その後の変化・進捗について

　あずさ監査法人では、「監査法人のガバナンス・コード」（以下，コード）への対応についてのインタビューが行われた後に，2016年に続いて「AZSA Quality 2017」を発行している。このため，インタビュー後の変化・進捗について，この「AZSA Quality 2017」に沿って説明することとする。

　「AZSA Quality」は，あずさ監査法人が行っている監査品質向上のための様々な施策についてのマネジメントの方針や対応が，ステークホルダーから見ても適切なものであるかどうかを，客観的な視点で見ていただくための説明資料である。これを作成するにあたっては，法人にとって都合の良いことだけを選んで伝えるのではなく，実態を開示することで，透明性の高いものとなるよう努めている。

　「AZSA Quality 2017」では，監査品質およびその基礎となる品質管理，ガバナンス体制，そしてそれを支える人材育成について紹介している。また，インタビューでもふれたように，2017年7月からの「新ガバナンス体制への移行」を最大のトピックスとして取り上げ，監査品質を支える組織基盤として，「開放的な組織文化」，「4つのディフェンスライン」とともに説明している。

　これに加え，「AZSA Quality 2017」では，非監査業務に対する考え方を新たに示している。コード指針1-5では，監査法人に対し，法人の業務における非監査業務（グループ内を含む）の位置付けについての考え方を明らかにすることを求めている。あずさ監査法人では，アドバイザリー業務を提供する会社をすべて子会社としている。あずさ監査法人とアドバイザリー子会社で構成されるKPMGジャパンは，監査法人を中核とするアカウンティングファームとして非監査業務を位置付けている。具体的には，高い公益性が求められる監査法人を中核とするアカウンティングファームとして，社会からの期待に応えるべく常に誠実に行動するように努めている。非監査業務の提供は，構成員一人ひとりの会計プロフェッショナルとしての知見やスキルを高めることが期待

141

される一方で，監査業務の独立性違反や非監査業務間での利益相反を招くおそれもある。このため，あずさ監査法人では，アドバイザリー子会社に対するガバナンスの強化を図るとともに，KPMGメンバーファーム共通の独立性および利益相反の確認システム（センチネル）を用いることで契約受嘱の管理を行っている。

　このほか，海外子会社において重要な課題が発生した場合など，親会社の監査責任者が直接現地に赴き問題解決に取り組むとしている。審査制度については，監査の最終局面になって監査判断を覆すことのないように，あらかじめ監査チームと十分議論を行う，組織的な審査体制を敷いている。人材育成に関しては，新人事制度の導入とグローバル研修に注力しており，国内の英語研修をはじめとするグローバルスキル研修の参加人員数は2017年6月期で1,462名となっている。またKPMGでは，より良い組織を目指す取組みの一環として，世界中のKPMGメンバーファームで働くすべての構成員を対象に，定期的に，Global People Survey（GPS）という意識調査を実施しており，「AZSA Quality 2017」では，2016年10月に実施したGPS2016の結果についても紹介している。これによれば，全17指標のうち11指標で肯定的回答が上昇し，特に「経営層，パートナーへの信頼」と「オープンな双方向コミュニケーション」の指標について，肯定的な回答率が5ポイント以上と大きく改善した。一方で，4つの指標でスコアが低下し，中でも「労働環境」は5ポイント低下する結果となった。この結果から，労働環境の改善が喫緊の課題であるとし，働き方改革の取組みや中途採用の強化，ITインフラ環境の改善を進めている。

　働き方改革については，政府が2017（平成29）年3月28日に発表した「働き方改革実行計画」を受け，あずさ監査法人に勤務するすべての職員の働き方を見直し進めるべく，2017年8月に理事長を責任者とする「過重労働撲滅プロジェクト」を発足させた。本プロジェクトの目的は，職員が心身ともに健康に勤務し成長できる環境を整備し，高品質な監査によって社会的な責任を持続的に達成するための態勢を整えることである。このプロジェクトにより，①働き方に関する全構成員の意識改革，②過重労働にならないための労働環境の整備，

③より効果的な監査の実現とその品質の維持向上への取組みを実施している。

　具体的な施策としては，休日，深夜・早朝におけるネットワークへのアクセス制限等による職員の業務運営の抜本的な見直しに加え，監査資源の再配分とリスク・アプローチのさらなる徹底による監査手続の見直しなどの取組みを実施している。リスク・アプローチのさらなる徹底によってより重要な領域に多くのリソースを投入できるようにすることは，考える監査，価値ある監査の実現につながる。そして，職員が心身ともに健康に勤務し成長できる環境を整備することによって高品質な監査を通じた社会的な責任を持続的に達成することができる。こうしたことから，これらの取組みは，あずさ監査法人が持続的に監査品質を維持向上し，監査法人の社会的使命を果たし続けるために必要不可欠なものであると考えている。

　また，コードへの対応状況の変更を踏まえ，「AZSA Quality 2017」を2018年1月末現在で更新している。具体的には，「準備中」としていた2つの指針，指針5-3および指針5-5への対応のステータスを，それぞれ「対応済」，「強化中」に変更している。

　指針5-3においては，監査法人は，会計監査の品質の向上に向けた取組みなどについて，被監査会社，株主，その他の資本市場の参加者等との積極的な意見交換に努めるべきであるとし，その際，監督・評価機関の構成員に選任された独立性を有する第三者の知見を活用すべきであるとしている。これについては，従来より，被監査会社とのコミュニケーションの充実に努め，また，広報活動・セミナー等を通じた情報発信を実施してきた。これに加え，2017年12月に資本市場の参加者等（金融庁，東証，日本監査役協会，学識経験者）との意見交換を実施した。その際には，公益監視委員（独立性を有する外部委員）にも同席をお願いし，第三者の立場から助言を受けている。このため，2018年1月現在，ステータスは「対応済」と考えている。指針5-5においては，監査法人は，資本市場の参加者等との意見交換から得た有益な情報や，コードの原則の適用の状況などの評価の結果を，組織的な運営の改善に向け活用すべきであるとしている。これについても，前述の資本市場の参加者等との意見交換

第Ⅱ部 「監査法人のガバナンス・コード」への対応を聴く

のほか，今後実施予定の機関投資家等も含めた資本市場の参加者等との積極的な意見交換に努め，そこで得られた有益な情報やコードの原則の適用状況などの評価の結果を，組織的運営の改善に向け活用を進めている。このため，2018年1月現在，ステータスは「強化中」と考えている。

　以上，「AZSA Quality 2017」をベースに，あずさ監査法人のコードへの対応，すなわち監査品質向上への取組みについて説明した。今後も，経済を支える社会のインフラとしてステークホルダーや社会の期待に応えるべく，監査品質の向上に努めていきたい。

第8章

PwCあらた有限責任監査法人

左から，井野氏，木内氏

〈インタビュー〉

品質管理の責任者（当時）：井野 貴章（執行役常務）
監査実施の責任者：木内 仁志（執行役副代表）

聴き手：町田 祥弘（青山学院大学大学院・教授）

〈その後の変化・進捗について〉

執筆者：井野 貴章

第Ⅱ部 「監査法人のガバナンス・コード」への対応を聴く

1．コード公表後の取組み

町田：監査法人のガバナンス・コード（以下，コード）が公表されましたが，現在，PwCあらた有限責任監査法人（以下，PwCあらた）ではいかなる取組みをされているのでしょうか。

井野：コードの公表前と公表後にわけてご説明しますと，公表前からの取組みとしては大きく3つあります。「監査品質に関する報告書」の公表，「公益監督委員会」の設置，「人財会議」の設置，です。透明性を持って対外的なコミュニケーションをするという観点から「監査品質に関する報告書」を2015年12月に公表し，アナリストや監査役，PwCグローバルからのフィードバックを反映した2016年版も2016年10月に公表しています。

　次に，第三者である外部の方の知見の活用という観点で，2016年8月に「公益監督委員会」を設置し，経営のプロや，資本市場に造詣の深い方々をお招きしております。

　3番目の「人財会議」は，人材への投資という観点から，2016年7月1日から始まる事業年度から設置しております。これは毎月，監査法人の事業部の部長クラスや，人の配置・評価・業務配分等に対する権限を有する者を集めて「人」に関する論点だけを議論する会議です。また，コードでは資本市場との対話も重要とされていますが，この点についても，従来からアナリスト等と会議をする場を設けており，現在はこれをより強化していく方向で進めております。

町田：コードの公表後についてはいかがでしょうか。

井野：コード公表後については，現在，自分たちの取組を評価する仕組みを入れることを検討しているところです。また，従来からの取組みをよりコードに合わせていくこと，対外的な情報発信の強化を進めています。

　何より，コードの公表を受けて，財務諸表利用者のために監査をするのだという組織的な意識付けが強まったと思います。たとえば，品質管理部門に

監査上の判断に関する問合せがあったときに，技術論だけでなく，投資家が会社をどう見ているか，この情報が持つ意味は何かの議論も大切です。情報の利用者は誰かということは従来よりも強く意識されるようになりました。誰の目線を重視して結論を導くかは結論の出し方に影響を及ぼすので，このような意識・取組みの変化は大きいと思います。

2．透明性報告書の作成プロセス等

町田：PwCあらたでは「監査品質に関する報告書」，いわゆるコードでいう「透明性報告書」がすでに2回公表されていて，2017年で3年目に入りました。この作成方針，作成プロセスについてお聞かせください。

井野：読み手の立場でわかりやすいレポートを目指そうという方針で，専門用語を羅列したものや単なるデータブックにはせず，監査法人としての品質改善への取組みの軌跡がストーリーでわかるように，我々の特徴を伝えようと思っています。

　作成は，実際に現場で監査を行っている人間を中心とした編集チームが行います。チームには，監査部門の品質管理にかかわる人や，監査部門の中にいる監査チームと相談をする人，品質管理本部の人，金融庁への出向経験者，あとは統合報告のアドバイザリーをしていて，統合報告の観点からメッセージの伝え方を検討できるメンバーがいます。作成はまず前年のフィードバックを検討して，どこを改善するかを決めています。

町田：今，統合報告の観点というお話がありましたが，一般企業の統合報告書のプロセスによく似ていますね。つまり，品質管理本部が作成するのではなく，報告書の作成プロセス自体が全社的な取組みだという点で。

井野：統合報告書は意識しています。透明性報告書はステークホルダーとのコミュニケーションでもありますし，法人のメンバーに対するメッセージングでもあるので，いろいろな角度で評価しないといけないという考え方です。

町田：一方で，透明性報告書というのは品質管理レポートとして品質管理本部

第Ⅱ部 「監査法人のガバナンス・コード」への対応を聴く

でつくるものだという考えもあると思いますが，いかがですか。

井野：それは鋭いご指摘で，初年度は品質管理本部でやりました。ただ，実際に出して様々な方の声を聴いてみると，もう少しかかわる人を増やしたほうが良いと思い，今の形に変わりました。想定読者も，初年度は監査役等でしたが，今は法人の職員，機関投資家，そして機関投資家に情報を出すようなアナリストの方々をも読者として想定しています。

　2017年版では，PwCによる年次評価，職員の満足度や退職率，「監査品質を向上したい領域」などは引き続き開示していきます。監査品質を向上したい領域とは，品質に関して検査機関等から指摘を受けた領域，すなわち改善すべき点です。これは，必ずしも監査法人の努力だけで解決できるものではなく，会社に対して改善を求めなければいけないこともあります。この点について勇気を持って一歩踏み込んで記載することで，そこが我々の監査の問題・弱みであると同時に，監査の難しさがあるポイントであるということをお伝えしたいと考えています。この点は，他の法人ではあまり書かれていないように思います。

３．コード公表後の現場の変化

町田：コードの公表によって，監査の現場が変わっていく点はあるのでしょうか。

木内：まず，我々が投資家との対話をすることによって，投資家が何を望んでいるかがより深く理解できるようになります。これは何を意味するかというと，会社とのコミュニケーションの中で説得力を持って話すことができるということになります。たとえば，会社からはよく「この注記は投資家にとって不要ではないですか」と言われることがありますが，そのときに投資家の思いを我々が理解していることによって，その注記がどう使われているか，なぜ重要なのかということを説明できるようになってくると思います。投資家もまた，我々との対話を通して監査の品質や重点項目や重要性を理解して

いくことになります。監査法人と企業と投資家との間の理解が深まることによって，これまで以上に高度な財務報告が実現できるのではないでしょうか。

　ただ，投資家との対話という点では，私たちはもう10年近く前から，20名近くのアナリストやファンド，格付け機関などの方々が月に一度集まる非公式の会議の事務局をやらせていただいています。その中で，我々の監査品質の取組みの状況をご説明し，投資家の方々から意見をいただくという取組みをしています。

４．監査規制の強化と現場の変化

町田：昨今，企業の不正会計問題や「会計監査の在り方に関する懇談会」の提言などがあり，監査規制が強化される流れがあります。この中で，監査の現場には何か変化があったのでしょうか。

木内：大きく２つあると思います。１つ目は，我々のリーダーからのメッセージに，品質に関する内容が増えたと感じます。たとえば高品質な監査とは何かを解説したり，現場での教育が品質向上に欠かせないということ，現場で起きていることを報告する定例会議をしっかり実施してほしいこと，といった具体的なものに変化しています。

　２つ目は，品質管理の在り方ですが，品質管理本部としては相談が来たら対応すれば良いという受け身の姿勢ではなく，自発的に現場に働きかけて，積極的に問題を潰していく姿勢に変わりました。

町田：現場にいる，個々の監査人の意識はどのように変わったと思われますか。

木内：不正に対する意識が高まっていると思います。どういう不正のリスクがあるのかということを計画の段階で，かなり現場で議論するようになりました。さらに，監査役とのミーティングで，監査役が考える不正リスクを聴くようになってきています。これは従来あまりなかったことです。

町田：品質管理の立場ではどうですか。品質管理のこれまでのやり方，あるいは意識が変わった部分はありますか。

第Ⅱ部 「監査法人のガバナンス・コード」への対応を聴く

井野：会社に聴きにくいことを聴かなければいけない，聴くのがあたり前というように現場が変わりましたので，ディスカッションの中身が進化しています。これにより現場が問題に気が付くことも増えて，どう対処すべきかという品質管理本部への相談も増えているのですけれど，個々の監査現場での小さなほころびというのは前よりも本部から見えるようになってきています。それは良いことなのではありますが，それだけ被監査会社がいろいろな問題を抱えていることの裏返しでもあると感じています。

5．監査品質への取組みの特徴や強み

町田：最後になりますが，PwCあらたにおける監査の品質への取組みについて，特徴的な点，「強み」と言える点を教えてください。

井野：我々は中央青山監査法人から独立し，お陰様で2016年に設立10年を迎えました。カネボウ事件を教訓に，国際水準の監査ができる監査法人を作ろうという志に共鳴した人たちが集まって立ち上がりました。このため設立以降，PwCグローバルとの関係性をとても大切にしています。これは他法人に比べると特徴的なところかもしれません。日本における存在感をもっと高めていくことも大切で，そのための取組みを行っているところです。

　こうした経緯もあり，品質を考える時に特に大事に思っているのは，現場と一体となった（現場を一人にしない）品質管理です。代表的なものとして，監査部門にチーフオーディターというポジションを設け，品質管理の経験や知見を有する人を配置し，現場で正しい対応ができているか，現場が間違う問題は何か，ということを吸い上げて品管本部と連携する役割を担っています。この仕組みにより，現場と品質管理部門を定期的に行き来する人事ローテーションも容易になりますし，互いに最新の情報を共有できる効果もあります。人的な交流が深まると，本部への質問がしやすくなります。品管本部から監査チームに積極的な問いかけを行うホットラインのような仕組みもあります。

しかしながら，どれだけいろいろな仕組みを構築しても，実際に監査を行うのは現場の監査チームであり，最も重要なのは"人"です。先ほど挙げた人財会議もそうですし，人事評価の仕組みも適時性を重視し意欲向上を意識したものに見直し始めています。

木内：人に関しては，法人内で品質に関する意識が非常に高いことも挙げられます。法人の成り立ちの経緯にも関係しますが，日々の業務を通じて，品質が最も重要だということは法人のカルチャーとして醸成されていると思います。監査の品質は，仕組みや制度ではなく，人がつくるものですので，こうしたカルチャーがあることは我々の強みだと思っています。

　あとは風通しが良いというところですね。設立以来の我々の文化として「スピークアップ」があります。これは，何か思ったことや気付いたことがあれば何でも言いなさい，という，組織全体に根付いている風土です。こうした風通しの良い風土があれば自然と問題は見つかり，そこで直すべきものは直していくということができます。元々1つの法人でスタートして，それが大きくなった監査法人ですので，組織の垣根，チームの垣根というものが非常に低い。風通しの良い風土があることは，仮に品質が低下したとしてもすぐに回復する力にもなりますし，何か問題があった場合すぐに発見し改善につなげられるので，監査の品質向上にもつながっていると思います。

第Ⅱ部 「監査法人のガバナンス・コード」への対応を聴く

●●● その後の変化・進捗について

　7月19日に行われた収録の後，我々は，2017年版監査品質の報告書（2017年版報告書）の発行，監査品質向上のための品質管理本部と人事部の体制強化，品質向上の具体的な諸活動，投資家等との対話を行ってきた。

　そして今，2018年版の監査品質の報告書の改定の方向性を議論し，また，木内執行役副代表のリードのもとで「Vision 2025」と呼ぶ少し長い期間の中期経営計画を策定中である。

2017年版　監査品質の報告書の発行（2017年12月）

　2017年版では，公益監督委員会委員長の原良也氏（株式会社大和証券グループ本社名誉顧問）より，外部委員からの活動報告と提言について4頁にわたり開示した。我々の規模と活動内容を説明する中で，特に人への取組みについて複数の提言をいただいている。これらに対し，弊社の経営委員会がどう対応しているかの報告も記載したが，AIなどデジタルの世界の到来を意識してさらに改善をしていく予定である。

監査品質向上のための品質管理本部と人事部の体制強化（2018年1月）

　品質管理業務の引継終了にともない，2018年1月から品質管理担当執行役は井野から大野へ交代した。当法人では品質管理担当執行役は3年程度で交代し，現場での問題意識を品質改善につなげる努力を続けてきた。大野はその最前線の問題意識を持っている。また，様々な品質管理の仕組みに魂を入れるのは人であり，品質管理の経験者が人事に携わることで新しく変化が起こせるという仮説のもと，井野は人事担当執行役に就任し，これまで木内執行役副代表が兼務で推進してきた人事戦略をさらに推し進めていく予定である。

品質向上の具体的な諸活動（2017年6月〜）

　2017年7月に新設したQuality Review部を中心に，自己点検の仕組みを強化している。この部門には日本や米国の当局検査において主任検査官を経験した者がパートナーとして新しく参加したほか，日本公認会計士協会の品質管理レビュワーとして高業績を有した会計士を配置している。2017年版報告書にも開示したが，稼働した総レビュワーの総数は約1.5倍に増え，身内にもさらに厳しく検査にあたる体制にしている。今後，さらに自主的な取組みを進める予定だが，日本国内の動向に配慮しながらも引き続き国際的な監査ができる集団であるための取組みも継続していきたいと考えている。

　監査業務の品質をチェックすると，残念ながら，「監査証拠をもっと集めるべき」との評価が下された業務が出てくる。これらについては，その後追加的な監査証拠収集が行われ，監査意見や財務諸表を訂正する必要がないかの判断を行う。2017年度報告書では，監査意見や財務諸表の訂正を必要とする監査業務はなかった旨報告している。

　他方で，「どのような証拠を追加で収集したか」という観点で自分たちの監査業務を反省すると，今の日本の財務報告の課題も透けて見えるように思う。たとえば，財務諸表に多くの見積りが含まれて将来の不確実性を監査しなければならない現代の監査において，わが国企業が行う予算実績分析の精度と文書化は本当に今日的で国際的な水準に達しているのだろうか？　経営情報を管理・報告するITシステムが古くなると同時に古い技術を知る職員も高齢化しているが，各種IT処理の網羅性と正確性を今日的に証明するのが困難になっていないのだろうか？　といった観点である。こうした論点は「経営陣によるレビューコントロールの文書化と検証不足」や「ITシステムから出力されるキーレポートの正確性と網羅性の検証不足」といった形で，監査業務の不備として指摘されることがある。強い企業は，IT投資により自社のIT環境を改善し，業務プロセスも効率化させ，将来の経営の自由度を広げているように思われる。また，業績を改善している企業は自らの本質的な問題に取組み改善を監視しているように思われる。

第Ⅱ部 「監査法人のガバナンス・コード」への対応を聴く

投資家等との対話（2018年1月〜）

　現在も断続的に投資家やアナリストの方々との意見交換を進めている。具体的な議論ができることから少人数での面談を続けさせていただいており，叱咤激励をいただいている。問題の所在と対処の状況をどれだけ開示しているか，経営施策の成否に評価において外部の目線をどう取り入れているかなどの意見は，次年度の報告書の改定の方向性にも影響を与えている。

2018年版の監査品質の報告書の改定の方向性（2018年2月〜）

　次年度版である2018年版報告書の企画が始まっている。編集長および編集局は2017年版報告書のメンバーに，インプットをもたらす役割で参加するパートナーが追加されている。それらのパートナーは監査法人の外部との様々な接触を持っていて，投資家コミュニティ，学会，規制当局，経営者や監査役等のコミュニティ，各種の国際団体等からの声に反応していくことが目的である。

　また，当監査法人では経営指標として22個の経営監視指標を定め，監査品質への関係性を議論しながら定期的に進捗をモニターしている。これらの指標はPwC Globalの考えているAQIと呼ばれる監査品質の先行・遅行指標と同一である。しかしながら，正直なところ，それらの指標を管理することがどれだけ監査品質に直接的な影響を及ぼすかについては必ずしも証明されているものではなく，いまだ感覚的な根拠に基づいた試行にすぎないと言う意見もある。ただし，こうした不完全なAQIではあっても，社会的な開示の意義が高まるようであれば，仮説と成果を段階的に開示していきたいと考えている。

Vision 2025（中期経営計画）（2017年12月〜）

　我々は，PwC Purposeと呼ぶ組織の存在理由を表す概念を世界中のPwCで共有している。それは，「社会における信頼を構築し，重要な課題を解決する。」というものである。

　また，将来には，監査法人の活動するフィールドは会計監査にとどまらず，より多くの信頼（Trust）を社会に提供できていけなければ業界としても生き

残れないであろうという危機感がある。会計監査業務も，我々の監査報告書が社会での様々な意思決定に参照されるようでなければ，やがて監査業務自体が必要とされなくなることであろう。

　こうした旗印と危機感を基礎にして，木内執行役副代表のリードのもと2017年12月より「Vision 2025」と呼ぶ少し長い期間の中期経営計画を策定中である。デジタルの世界において監査法人の存在意義は何なのか，どのような価値を社会に提供していくべきか，そのために大切な考え方は何か，品質，人，経営インフラに対して求められることは何なのか，外部の識者のお話をうかがったり，パートナー間のコンセンサスを図ったり，若い職員の夢や希望を聴いたりしながら議論を進めている。この中には，監査品質についてのわが国の投資家等との対話も公益監督委員会からの言葉も含まれている。継続的に来日するPwC Globalのリーダーたちともじっくりと話を続け，我々のVision2025を世界的なネットワークの考える未来予想図とも整合的なものにしていく予定である。

第9章

新日本有限責任監査法人

左から,紙谷氏,會田氏

〈インタビュー〉

品質管理の責任者:紙谷 孝雄(経営専務理事・品質管理本部長)
監査実施の責任者:會田 将之(シニアパートナー)

聴き手:町田 祥弘(青山学院大学大学院・教授)

〈その後の変化・進捗について〉

執筆:會田 将之

第Ⅱ部 「監査法人のガバナンス・コード」への対応を聴く

1．コード公表後の取組み

町田：新日本有限責任監査法人（以下，新日本）では「監査法人のガバナンス・コード」（以下，コード）の公表後，どのような取組みをされているのでしょうか。

紙谷：いくつかありますが，まずはコードの原則3に関するところをお話します。「監督・評価機関の構成員に，独立性を有する第三者を選任し，その知見を活用すべきである」とあります。現行のガバナンス体制として，経営執行を監視する機関である「評議会」の下に「公益委員会」，「監査委員会」を設置し，公益委員会の中に「指名担当会議」と「報酬担当会議」を設置するという形をとっています。一般事業会社の指名委員会等設置会社に近いイメージかと思いますが，これらの会議体に外部の有識者が参加する形でガバナンスの強化を図っています。

　3名の社外有識者の方（有富慶二氏，池尾和人氏，斉藤惇氏）には，企業経営の視点，ガバナンスの視点，資本市場からの期待の視点からご活動いただき，「経営会議」という我々のマネジメント側の重要な意思決定をする会議や，公益委員会の中で幅広い議題に対してご意見をいただいています。我々の経営が公益に資することを最重視して行われているかどうかを監視してもらっています。

町田：ほかに外部の方は入っているのですか。

紙谷：マネジメント側の話として，原則2に関連して「監査品質監督会議」（以下，監督会議）というものを設置しました（**図表9-1**左側参照）。

　コードでは「監査品質に対する資本市場の信頼に大きな影響を及ぼし得るような重要な事項について，監査法人としての適正な判断が確保されるための組織体制の整備及びその体制を活用した主体的な関与」が経営機関に求められていますが，重要な事項について，監査法人としてどのように関与していくかは難しい問題です。今回この監督会議を設置し，重要な事項があった

158

図表9-1　監査品質向上のためのサイクル

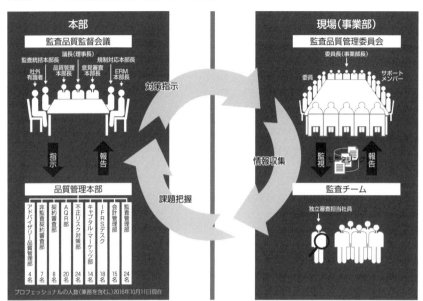

場合には，理事長を議長とした監査品質監督会議に，主要な経営執行幹部が入って，積極的にリスクの情報等を収集したうえで法人としての必要な対応を指示していくこととしました。その際，内向きの議論にならないよう，社外委員（橋本尚教授）にも入っていただいています。

町田：いろいろなポイントで外部の方が入っているのが特徴的ですね。これはどのような意図があるのでしょうか。

紙谷：そうですね。外部の方に入っていただく意味には，1つは公益の視点があります。パートナーシップという身内の距離感になりやすい構造の中で，社会や公益との関係をきちんと保つことが必要ですので。もう一点，「組織風土改革特別委員会」を中心に監査品質を最重視する組織風土をつくりあげていく中で，ここでも上場企業の社長経験者の方や，監査の知見のある方々に入っていただくことで，私たちの取組みが客観的に正しい方向に進んでいるかを見ていただいております。監査品質を向上させ，これを最重視した経

第Ⅱ部 「監査法人のガバナンス・コード」への対応を聴く

営を行う中で，必要な局面にそれぞれ入っていただいております。

　また，株主との対話（原則5-3）という観点においては，2016年7月から，機関投資家とアナリストの方との意見交換会も定期的に実施しております。私たちの取組みが，財務諸表のユーザーから見た場合に期待に沿うものとなっているかどうかご意見をいただき，その声を法人経営に活かすというサイクルにも取り組んでおります。

2．透明性報告書の作成プロセス等

町田：新日本が公表された「監査品質に関する報告書」は，コードで求められている「透明性報告書」であるという理解でよろしいですか。

紙谷：そうですね。年1回更新し，監査品質に関する取組み状況をアップデートしていきたいと思っています。また，「監査品質に関する報告書」とは別で，「監査法人のガバナンス・コードへの対応状況」という別冊を取りまとめ，コードとの対応関係を読者の方にわかりやすい形で公表しております。

町田：この「監査品質に関する報告書」の作成プロセスを教えていただけますか。

紙谷：作成は，監査統括本部が取りまとめの責任部署となって行いましたが，品質管理に関する内容には品質管理本部が参加し，人事面にかかわる内容には人材開発本部が参加しています。監査統括本部だけではなく，各部署，関連部署の協力体制があってつくりあげたものです。

3．コード公表後の現場の変化

町田：コードの適用は監査の現場に何か影響を及ぼしているのでしょうか。コードがきっかけで何か変わった点はありますか。

會田：我々は2015年12月に金融庁から行政処分を受けております。そこですべてを一から総点検し，検査で何が指摘されており，我々には何が足りなかっ

160

たのかという振り返りや自己反省を行い，それをチームで共有し，意識改革も行ってきました。そのため現場の意識は，コードによって急に変わったということではなく，それ以前から変化を続けてきたと考えています。

町田：コードが直接的に何かを変えることはなかったということですが，先ほどの監督会議のように，コードに沿った形で運用されている組織体がありますよね。それは監査の現場にどのような影響を及ぼしていますか。

會田：クライアントと向き合う中でいろいろと困難な局面が生じたときに，監査チームだけではなく，監査法人としてのバックアップ体制があるという安心感を持って経営者の方や監査役等と真摯に前広なコミュニケーションができていると思います。法人から支えられているという意識は，現場の実感として非常に心強いものがあります。

町田：コードの議論の中では，経営陣のトップが現場の監査の品質に主体的に関与するという要請がありました。この点はいかがですか。

紙谷：私たちの法人におけるトップの主体的な関与というのは，まさに先ほどの監督会議に該当すると考えています。監督会議のメンバーの中には，意見審査本部長が入っていて，重要な会計上の検討事項や監査チームだけでは対応が困難な問題に関して，法人執行部のトップが関与している中で方向性を指示する。コードの考え方には，このような形で対応していこうと考えております。

4．監査規制の強化と現場の変化

町田：先ほど，自ら行政処分の件にふれていただきましたが，最近では，不適切な会計・開示が増えているとの調査報告も示されているようです。それを受けて，監査規制が強化される方向にあります。現在，監査の現場では何かが変わってきているのでしょうか？

會田：我々が改善に向けてどのような取組みをしているかについても，十分に経営者や監査役等の方，あるいは最も身近な経理財務部門の方々と共有して

第Ⅱ部 「監査法人のガバナンス・コード」への対応を聴く

おります。そうした監査への相互の協力姿勢や，監査の深掘りが行われている中で，おそらく従来であれば見過ごしていたようなものが出てきているようにも感じられます。これは私の個人的な感想ですが，各監査法人がクライアントの方々とそのような姿勢で取り組んだ結果として，全体の件数が増加したという見方もできるのではないでしょうか。

町田：企業側でも，姿勢や対応が変わってきているということでしょうか。

會田：たとえ小さなことでも監査法人に相談して適切な対応を検討しよう，というように企業側の意識が変わってきていると感じます。従来よりも早く企業の情報が入るようになってきました。それから，監査役等や内部監査部門との連携，対話も盛んになってきているように思います。

5．監査品質への取組みの特徴や強み

町田：最後になりますが，新日本における監査の品質への取組みについて，特徴的な点，「強み」と言える点を教えてください。

紙谷：監査の品質というのは，個々の会計士や監査チームのレベル，監査法人のマネジメントなどの全体が有機的に結合したところで出てくると思っています。そのために現在取り組んでいるのが，マネジメントとガバナンスと現場の強化です。マネジメントの強化には，やはり執行部のトップが，監査品質が非常に重要であるというスタンスからブレないことが大切です。それを保つ仕組みとして，先ほどの監督会議があり，マネジメントに対するガバナンスを効かせるため，各所に外部の方に入っていただいています。この外部の方の多様な活用という点が，他法人とは異なる特徴だと思います。

町田：現場については，どうなのでしょう。

紙谷：現場に関しては，「監査品質管理委員会」（**図表9-1**右側）という取組みを挙げたいと思います。これは，各監査業務部門の現場に近いところで，監査の品質をモニタリングするための仕組みです。品質管理部門と現場の距離を縮めて機能させようという試みで，我々の法人の特徴的な取組みだと思

162

います。

會田：監査品質管理委員会は，現場に密着したモニタリングだけではなく，各監査チームをサポートしてその底上げを図るために非常に大きな力を発揮しています。現場の情報が監査品質管理委員会を通じて本部に吸い上げられ，本部からは課題に対し，組織的な対応・対策が指示されます。その対策が現場で実践され，結果が再び本部に報告されるというサイクルがあり，本部と現場の両輪で監査品質を向上させる仕組みができています。これは，他法人と差別化できている我々の特徴だと思います。

紙谷：また，現場の会計士たちについても，意識改革を求めています。私たちが目指す監査品質は，被監査会社のビジネスを理解し，そのリスクに対応した深度のある監査を実施することです。どうしても会計士は会計の細かい話からコミュニケーションを始めがちなのですが，会社のビジネスに対する理解が不足している段階でそうした論点に入ってしまうと，大きな本質的な問題を見逃すおそれがあります。まずは，会社とビジネスリスクについて積極的に議論すべきだと監査チームには強く指導しています。それが結果的に効率的・効果的な監査につながり，監査品質の確保が実現できると考えています。

その他，IT についても，監査の品質の確保には重要です。私たちの法人もかなりスピード感を上げて対応しています。

町田：コードにおいても，「法人の構成員の士気を高め，職業的専門家としての能力を保持・発揮させる」ということが再三にわたって述べられています。いわゆる「ブルーカラー的な業務からの解放」ということでしょうか。

紙谷：典型的な仕事はたとえばRPAなどの自動化で対応して，その中で現場の会計士がより頭を使って考え，職業的懐疑心を持ってクライアントに臨んでいけるような環境をいかに作れるかが今後非常に重要だと思っています。

第Ⅱ部 「監査法人のガバナンス・コード」への対応を聴く

●●● その後の変化・進捗について

先進デジタル技術を駆使した深度ある監査の実現

　我々は2017年10月に,「監査品質に関する報告書」の年次更新版を公表した。その中で,我々の「Focus」領域として,「未来の監査『Smart Audit』に向けて」と題し,プロフェッショナルの知見と先端デジタル技術をかけあわせたSmart Auditを推進し,先進デジタル技術を駆使した深度ある監査の実現に焦点をあて,その取組みを紹介している。

　高い監査品質を実現するため,品質改善の観点から,たんなる監査調書作成ツールにとどまらず,高度なプロジェクトマネジメント機能を有した監査プラットフォーム「EY CANVAS」や,データ分析のための技術と監査手続とを融合させた監査手法を総称したデータ分析主導型監査アプローチである「EY Helix」を導入するほか,AIの活用も進めている。

　我々は2016年11月に,先端技術デジタル技術の監査への導入を研究・開発する組織として,「アシュアランス・イノベーション・ラボ」を設置し,取組みを続けてきた。その際,公開情報(財務諸表など)に含まれる過去の虚偽や訂正の事例から,AIが監査先企業の将来のリスクを予測する「不正会計予測モデル」を導入しており,学識経験者等と協働で研究を進めてきた。

　2017年11月には,「Smart Audit」の実現における先端デジタル技術の活動を推進するための組織である「Digital Audit推進部」を監査統括本部の傘下に設置した。また,同じタイミングで会計仕訳データからAIが取引パターンを学習して異常仕訳を自動的に識別するアルゴリズムを開発し,Digital Audit推進部を通じ,監査先企業へ順次展開することで,効率的で深度ある監査の実現を図っている。従来,人手では扱い切れなかった大量のデータを機械学習によりパターンを読み解き,異常な取引を抽出することによって,深度ある監査の実践を図っていく。

　また,定型的な作業については生産性向上の観点からRPA(ロボティック・

プロセス・オートメーション）の導入に向けた研究も行っており，たとえば仕訳データからの監査調書の自動作成業務について近日中の展開を予定している。

　我々は，こうした先端デジタル技術活用に向けた積極的な投資を非常に重視しており，その成否がこの先数年内に大手監査法人と中小監査法人のみならず，大手監査法人間の監査品質向上の取組みに関し，決定的な差別化をもたらすと捉え，日夜努力を重ねている。

　これらの施策を通じ，公認会計士をはじめとするプロフェッショナルから単純業務を解放し，職業的懐疑心を発揮し，頭を使って考える領域に専念できる環境の整備を進めている。高い監査品質の達成のためには，構成員の士気を高めることが不可欠であり，最新のITツールの装備とプロフェッショナルならではの領域への特化という環境整備は重要と考えている。

　また，2018年1月に開催した「EYシンポジウム」にクライアントの方々を招き，Smart Audit推進のための我々の取組みを様々なブースでデモンストレーションを交え紹介したところ，出席者の興味・関心も高く，大変な盛況振りで好評をいただいた。

　これらは，原則2の指針2-2に適合した具体的取組みとなる。

理事長および品質管理本部長からの定期配信メッセージ

　我々は，監査品質に関する最高責任者である理事長ならびに品質管理本部長から監査に従事する構成員に対し，毎月3回程度メッセージを直接発信している。2018年3月末時点で累計77回のメッセージを配信してきた。

　監査の様々な局面で求められる職業的懐疑心の発揮や，各監査手続の要点解説，監査品質向上への取組みの法人内への周知，あるいは当局検査や日本公認会計士協会の品質管理レビュー，法人内品質管理レビュー（AQR）での重点項目や指摘事例の共有といったメッセージが発信され，監査品質向上に向けた経営トップから構成員向けへのコミュニケーションを図っている。

　その中にはたとえば，特定の監査領域における不備をゼロにする取組みというものがある。これは，その特定領域における監査のミスがたった1つ起こっ

第Ⅱ部 「監査法人のガバナンス・コード」への対応を聴く

たとしても，法人全体の監査品質に疑念をもたらす致命的なものについては，すべての監査チームが点検を行うことにより撲滅を図る，というキャンペーンである。

この取組みは，監査チームの業務執行社員の率先垂範のもと，チームメンバー間の率直な討議・意見交換により，課題の摘出と監査手続への反映により実行される。

また，各チームの取組み状況は，事業部に設置した監査品質管理委員会のメンバーによってすべてレビューされ，監査手続へのアドバイスも含めたサポートを行い，チーム間での対応のバラつきをなくし，法人として高水準の監査品質レベルの実現のための組織的対応を図っている。

これらは，原則１の指針１-４に適合した具体的取組みとなる。

働き方のイノベーションを通じた魅力的な職場環境の創造

我々は，高い品質の監査は，優れた人材によって，クライアントはじめ，ステークホルダーの方々に提供されると考えている。プロフェッショナルマインドを持ち，プロアクティブに思考し行動する人材の採用・育成は一朝一夕にはできない。我々はEYU（EY and You）という人材育成フレームワークを持ち，研修，経験，コーチングという３つの要素からプロフェッショナル人材の育成を図っている。

我々は，2018年２月から９月にかけて順次実施する新オフィスへの移転を契機に，「EY@Work」というプロジェクトを推進している。この取組みは全世界のEY各国・各拠点で展開されており，我々の働き方に良い変化をもたらす大きなチャンスと捉えている。

新しい働き方は，「アクティビティベース型ワークプレイス」と称され，仕事の内容に基づき，執務場所を選択できる職場環境を整備する。新オフィスの全面フリーアドレス化，在宅勤務を含む就業形態の多様化，それをインフラ面で支えるIT機器活用によるペーパーレス化とテレビ/電話会議の活用により，時と場所を柔軟に設定し，高能率で生産性の高い業務の実現を目指している。

働き方のイノベーションを通じ，プロフェッショナルそれぞれの個性や価値が尊重されるとともに，プロフェッショナル集団としてのチームに焦点をあて，最高の成果をあげることのできるチームを作り上げ，個人の総和以上の監査を実施して高品質の監査を提供できるよう差別化を図っていく。

これらは，原則2の指針2－2に適合した具体的取組みとなる。

監査の取組みに関するサーベイ

我々は，2016年に引き続き，第2回のクライアント向けサーベイを実施した。これは，我々が進めている業務改善へ向けた取組みが継続的に行われているか，構成員の意識や行動が業務改善命令前に比べて，クライアントの方々の期待通りに変化しているかなどを再評価いただき，より一層の業務改善に役立てることを目的として行った。このサーベイは経営執行サイド，ならびに監査役・監査委員を対象として2017年6月から7月にかけて実施し，9月に回答結果を取りまとめ，公表した。

回答結果からは，我々の取組みに対し肯定的な意見が多く寄せられ，業務執行社員とのコミュニケーション機会の頻度・内容とも充実し，自社の課題や事業上のリスクについてより具体的な対話ができるようになったとのコメントも多く寄せられた。

ただ一方で，否定的，あるいは批判的なコメントもいただいており，我々としてそれらの意見を真摯に受け止め，更なる高みを目指し，現場密着型の監査品質管理と，監査品質重視の組織風土醸成をより一層推進していきたい。

これらは，原則5の指針5－4に適合した具体的取組みとなる。

第10章

有限責任監査法人トーマツ

左から,町田氏,石塚氏,油谷氏,山田氏,永山氏

〈インタビュー〉

品質管理の責任者:石塚 雅博(レピュテーション・クオリティ・
リスク・マネジメント本部長)
油谷 成恒(品質管理本部長)
監査実施の責任者:山田 博之(パートナー)

聴き手:町田 祥弘(青山学院大学大学院・教授)

〈その後の変化・進捗について〉

執筆者:永山 晴子(パートナー)

第Ⅱ部 「監査法人のガバナンス・コード」への対応を聴く

1．コード公表後の取組み

町田：「監査法人のガバナンス・コード」（以下，コード）に関して，現在監査法人トーマツ（以下，トーマツ）ではどのような取組みをされているのでしょうか。

石塚：コード公表の3～4年ほど前からガバナンスの改革に取り組んでいます。組織体としてどうあるべきか，一般の事業会社，グローバルの組織体制などを参考にしながら，様々な議論をしてまいりました。たとえば，一般の事業会社の取締役会に相当する経営会議の名称を「ボード」と改称し，ボードは経営方針を決定し，経営執行機関を監督するガバナンス機関と位置付けました。ボードのメンバーには，経営執行から独立した議長および評議員が3分の2を占める構成とし，ガバナンスの強化を図ってきていたところです。

その中で，今般，金融庁からコードという形で，ガバナンスの指針が公表されたことは非常に大きいことでした。これだけは外せないという要素がまとめられているので，私たちとしても，今後，目指すべき方向性を整理していただいたと思います。

コードの内容は，検討会での議論の段階から趣旨を検討しており，2017年6月から，ボードの中に3名の外部有識者を招聘しました。

町田：外部有識者の選任プロセスについて教えていただけますか。

石塚：そのような候補者のリストを有している機関を通して紹介していただきました。まず，様々なご経歴を有する方々の中から，グローバル経営，金融市場，会計・財務等の経験・知見を有する方をターゲットに候補者リストを作成し，法人内の検討を通じて絞り込みをして，候補者の方にお会いする等というプロセスで決めました。条件として，トーマツの被監査会社ではない方ということは最初に決めていました。

町田：外部有識者の招聘以外で，何かほかに対応が必要だったことはありましたか。

170

石塚：品質の重視はもちろんのこと，倫理や誠実性を意識する組織風土の改革
　　ですね。特に倫理や誠実性というのは，グローバル・ネットワークレベルで，
　　いま一度これを振り返り，誠実に取り組むべく活動を始めていたところでし
　　た。組織における現場の声，それも若い世代の声が吸い上げられやすいよう
　　な雰囲気は非常に大事だと思っていますので，これをどうやって実現するか
　　というのは，非常に意識しております。

町田：具体的にはどういった取組みをされているのでしょうか。

石塚：まずは基本的なコミュニケーションのところから，包括代表等が，若手
　　のパートナーやマネージャーと意見交換会等を通して交流するといったこと
　　などから始めております。

２．透明性報告書の作成プロセス等

町田：トーマツでは「監査品質に関する報告書」を出されていますが，これは
　　コードで求められる「透明性報告書」に相当するものですね？　この報告書
　　の想定読者と作成プロセス等についてお聞かせください。

石塚：「監査品質に関する報告書」は，コードでいう透明性報告書という位置
　　付けです。

　　　ただし，2016年版についてはコード公表前に公表しましたので，2017年版
　　はコードに書かれていることを踏まえて，改めて作り直しました。

　　　読者としては少なくとも上場企業の監査役，経営者，アナリスト，機関投
　　資家，規制当局など様々な方々を意識しています。

　　　2017年版は，全部ではないですが，私の所属するレピュテーション・クオ
　　リティ・リスク・マネジメントのメンバーが中心となり作成しています。作
　　り方としては，まず大きな目次や骨組みからつくって，そこにトーマツの取
　　組みをあてはめていくようなイメージです。わかりやすさの工夫も必要だと
　　思っていますので，デザイナーも起用して作成しました。

町田：中身については，どのようなものを考えたのですか。

第Ⅱ部　「監査法人のガバナンス・コード」への対応を聴く

石塚：全体としてストーリーでご説明できるものにしたいと考えました。監査法人というのは，資本市場で事故を起こさないということが当然だと思っています。その延長線上に監査品質が高いという資本市場からの評価があると思っていますので，この点に関する法人としての考え方や姿勢，取組みをご理解いただけるものにしようとしました。あとは，やはり今のITの進化というのは無視できませんので，そのあたりへの取組みも入れたいと思いました。

町田：ITの活用についても「透明性報告書」の中に入れていこうということですね。

石塚：従来からリスク・アプローチについては非常に力を入れていますが，リスクの識別の手法として，ITを活用して監査の計画段階でいろいろなリスクの事前評価や分析を行い，得られた定性的な情報を監査で活用することに取り組んでおり，これをさらに進化させたいと考えています。

３．コード公表後の現場の変化

町田：コードが入ることによって，監査の現場に何か具体的な影響はあったのでしょうか。

山田：監査の現場も少なからず影響を受けると考えています。

　１つはコードによって他法人も含めて業界全体で同じプリンシプルの下に組織が作られていくことになるので，比較可能性がある程度確保されるのではないかということです。

　他法人との比較も含めて現場として大きく影響がありそうだなと思うのが「透明性報告書」の公表です。これによって，法人レベルではアナリストや資本市場の参加者との対話などが強化されると思いますが，監査現場でも，被監査会社との関係や議論の中身が変わると思います。従来は監査役等が中心だったのが，経営者も含めて監査の中身，監査の価値を共有したうえで監査品質に関する議論が深まっていくのではないかと考えています。

町田：それは，透明性報告書が監査法人と被監査会社とのコミュニケーションツールとしても機能してくるということですか。

山田：そうですね。透明性報告書を通じて，他法人との比較が行われて，トーマツの監査の品質の高さや，どのようなフィロソフィーのもとに組織があって，監査の品質向上に向けた取組みが行われているのかが評価されると思いますので，それらの点について，被監査会社との議論も深まると思います。

　特に，我々が経営者の方に監査の価値をアピールしていくことで監査への理解を深めていただき，その共通理解を基礎にして，もっと有効な関係が構築できるのではないかと考えています。

　その他，コードによる直接的な変化ではないかもしれませんが，我々のフィロソフィーが外部に公表されることによって，現場においては，今後は外部から我々の取組みを見られているのだということが強く意識されると思います。たとえばトーマツはQuality firstであるということが，内部と外部でそれぞれ意識されることによって，現場においても，監査の品質を改善していこうという意識が高まっていくと思います。

4．監査規制の強化と現場の変化

町田：近年，コードに限らず，監査規制の再強化の方向にあると思うのですが，トーマツの監査の現場では，この数年，何か変化があったでしょうか。

山田：今ほど監査そのものの存在意義が問われているときはないと思っており，現場が変わらなければ監査が社会から必要とされなくなってしまうのではないか，という危機感を常に抱きながら監査に臨んでいます。現場で求められることが大きく変わったり，手続が増えたりということではなく，社会や資本市場からの期待や要請に真摯に向き合うという意味で，監査の存在意義を強く意識して現場に取り組むという点に一番の変化があったと思います。

　もちろん現場では，ビジネスに関する理解，会計上の見積りや，経営者による内部統制の無効化にかかるリスクを深掘りするという動きはあります。

第Ⅱ部 「監査法人のガバナンス・コード」への対応を聴く

しかしながら，手続の実施面より重要なことは，監査人としての社会的な使命，職業的懐疑心というものを，若手も含めて日々コミュニケーションをとりながら現場でしっかり育んでいくことではないかと感じています。

町田：被監査会社において，経営者，監査受入先の部署，または監査役等などの対応に関して，何か変化はありましたか。

山田：昨今の不祥事であるとか規制の強化の流れもあって，監査役等も，経営者も，監査のことを話題にされるケースが，従来に比べるとかなり増えてきているのは感じます。

また，経営者や監査役等との信頼関係の構築の重要度が，従来よりも増してきていると感じます。監査は独立した第三者が実施するので，従来は，経営者の側には，監査は会社の外側にあるという意識があったかもしれません。しかし，今後は，監査実施の前提として，監査人から経営者に対しては，より高品質な経営やガバナンスを要求するとともに，経営者から我々に対しては，より高品質な監査を要求することで，これまで以上に強固な信頼関係が構築され，資本市場の発展に資すると考えています。

町田：本日は，この場に品質管理本部長の油谷成恒先生にもご同席いただいておりますが，何か補足される点があればお聞かせください。

油谷：やはり，現場の意識は大きく変わったと思います。

昨今の不正事例等を踏まえ，被監査会社の説明を鵜呑みにするのではなく，その裏付けをより慎重に取りにいかなくてはならない，という態度に変化してきています。まさしく，専門家としての職業的懐疑心を発揮しなければいけないということを，現場が強く意識するようになったという点が，最近の最も大きな変化だと思っています。

5．監査品質への取組みの特徴や強み

町田：最後になりますが，トーマツにおける監査の品質への取組みについて，特徴的な点，「強み」と言える点を教えてください。

174

山田：監査の出発点が帳簿ではなく，マーケットの目線であるという点だと思います。被監査会社自身が属している競争市場，資本市場の目線を出発点にしていることが特徴です。会計監査は帳簿を出発点にしがちですが，帳簿は企業の活動の結果として作成されるものですので，帳簿を出発点にすると総体としての財務報告の適切性を見落とす可能性があります。会計とか監査といった技術的な領域にとどまらず，経営者と同じ目線に立つことで，広い視点で競争市場，資本市場を俯瞰して，会計の対象となる企業の活動自体を評価することが可能となり，そのうえで会計監査に取り組んでいる点がトーマツの強みになっていると思います。

町田：油谷先生はいかがでしょうか。

油谷：トーマツが重視しているのは，「攻めの品質管理」です。監査現場で例を挙げますと，被監査会社の方から何か相談を受けてから対応するという受け身の姿勢ではなく，被監査会社やビジネスを理解したうえで，被監査会社の課題やリスク要因を事前に予測して，前もって適切な対応を検討しようということを強調している点が特徴だと思っています。

そのためにはやはり，被監査会社の変化に気付くことが重要です。私は常々「変化はリスク」だといっていまして，過去のいろいろな失敗事例を見ますと，被監査会社の変化に気付かない故に失敗しているという事案が業界全体で多いと感じています。

単に過去の経験等に引きずられるのではなく，常に被監査会社の変化を捕捉したうえで対応を図っていくことが重要だと考えています。

第Ⅱ部 「監査法人のガバナンス・コード」への対応を聴く

●●● その後の変化・進捗について

　当法人は，被監査会社の公正かつ持続的な事業活動を支える財務報告責任の遂行やガバナンス強化の向上に寄与することにより，経済社会に広く信頼と安心感を提供することを目指している。そのため，適切なガバナンスと実効性あるマネジメントのもとで，監査品質を最重視する「Quality first」を実践している。以下では，その後の主な取組状況について述べる。

外部有識者の知見の活用の進捗

　当法人は2017年6月に，従来の外部の監査委員に加え，独立性を有する第三者として外部有識者3名を独立非業務執行役員（以下，INE）に選任した。INEは，ボードの無議決権メンバーとして加わり，当法人の組織的な運営および経営執行体制，監督機能の充実に大いに貢献している。

　2017年8月にボード内委員会である公益監督委員会を新たに設置した。公益監督委員会は，INE3名のみで構成され，公益の観点から，当法人が社会やステークホルダーからの期待に応えるために実施すべき施策についてアジェンダを設定し，協議する。当法人が会計監査の品質を維持・向上するための，適切な業務管理体制を整備・運用するよう，独立した立場から助言・提言を行っている。また，監査役等や投資家等のステークホルダーとの対話にも積極的に参画している。さらに，国外にも活動の幅を広げ，INEのうち1名はDeloitteのグローバル会議体であるINE Advisory Committeeに参加している。

透明性報告書の発行

　インタビューにもあるように，「監査法人の組織的な運営に関する原則」，いわゆる監査法人のガバナンス・コード（以下，コード）が策定される前の2016年に，当法人はコードで規定する透明性報告書に相当する「監査品質に関する報告書 2016」を発行した。コード策定後の2017年10月には，よりコードの趣

その後の変化・進捗について　**第10章**

旨を反映させた「監査品質に関する報告書2017」を新たに発行した。

　「監査品質に関する報告書2017」は，コードで示されている，会計監査は資本市場を支える重要なインフラであり，国民経済の健全な発展に寄与する公益的な役割を有しているとの認識を踏まえて作成されている。具体的には，公益的な役割を果たすための当法人のガバナンスおよびマネジメント体制に加え，「被監査会社との率直かつ深度あるコミュニケーション」「監査イノベーション」および「グローバル監査」といった，当法人が目指す高品質な監査を実現するための様々な取組みについて説明している。また，INEの活動状況や，監査業務プロセスへのIT技術の導入状況を通じた監査手続の高度化などの取組みについても説明されている。

監査イノベーション

　コードでは，深度ある監査を実現するためのITの有効活用の検討・整備，監査業務の効率化についてもふれられているが，当法人はITツールの活用も含めた監査イノベーションに継続的に取り組んでおり，今日では，多くの監査業務に導入されている。

　当法人では，ITツールを活用した様々な監査手法の開発・導入も行われている。このうち，Audit Analyticsは，監査人の経験則では捉えられない相関や傾向・推移を識別することで，より効果的かつ効率的な監査の実現を可能としている。2012年に導入を開始して以来，実施した分析件数は6,000件を超えており，2018年3月期には当法人が担当するすべての上場会社の監査に導入されている。

　Audit Analytics以外にも監査の様々な局面でITツールの活用が行われており，たとえば，残高確認をオンラインで実現するBalance Gatewayの導入も進み，2018年3月期の監査からすべての被監査会社で利用できる体制を整備している。今後は，わが国監査制度の発展に寄与すべく，監査業界の監査ツールとして機能させ，他の監査法人も利用可能とする残高確認システム共同プラットフォーム化の推進を他の大手監査法人と図っている。

177

第Ⅱ部 「監査法人のガバナンス・コード」への対応を聴く

　また，当法人は，2017年12月に，監査品質の向上と監査業務における働き方改革の促進を目指し，監査業務の標準化と集中化を行う「トーマツ監査イノベーション＆デリバリーセンター」を幕張新都心に開所した。各監査現場で実施されている手続において，被監査会社ごとの個別対応が必要とされない入力業務，チェック業務などの機械的な作業を標準化し，それらの業務を監査チームに代わり「トーマツ監査イノベーション＆デリバリーセンター」が集中的に処理することで，全監査チームへ一貫した高品質な監査補助業務を，高い効率性で提供することを目指している。これらにより，公認会計士等の有資格者が高度な判断業務や被監査会社とのより深度のあるコミュニケーションに集中できる環境が整備され，より高品質な監査が実践されるものと考える。

創立50周年

　当時日本公認会計士協会の会長を務めていた等松農夫蔵が中心となり，わが国初の全国規模の大型監査法人である「監査法人等松・青木・津田・塚田・青木・宇野・月下部会計事務所」が1968年5月に設立された。これが当法人の出発点であり，その後，日本の組織名がグローバルネットワークの名称「Deloitte Touche Tohmatsu」に含まれる唯一の日本の監査法人になるまでの発展を遂げているが，2018年5月で創立50周年を迎えた。

　創立50周年を迎えるにあたり，当法人内では，等松農夫蔵が作成した「当監査法人の基本構想」にふれられる機会が増えている。改めてこの基本構想を読み返すと，その内容は50年前に作成されたにもかかわらず色あせておらず，その内容に共感する者が多いようである。たとえば，監査法人設立にあたっての理想として，「他国に遅れてわが国に移入された公認会計士の制度をその主旨に沿って発展させ，公認会計士の機能を完全に発揮して社会的信望と依存度を高めるための先駆者たる役割の一端を担い，更にそれを国際的にまで推し進めること」とある。また，結びには「仮にもここに一蓮托生のグループに加わった以上は，共に共に手を携えて，その理想達成に向って，それぞれの特長や専門を生かしつつ全力を傾け，発展に発展を重ね国内的にも，国際的にも，信頼

178

度の高い監査法人を造り上げ，その余恵に各員が浴するようにしなければならない。」とあり，設立当時から，わが国のみならず，国際的にも社会の期待に応えることを目指しており，これは今も変わるものではないと考える。

　当法人の取組みとしての，その後の変化・進捗の主なものは上述のとおりである。一方で，監査の現場での変化・進捗はどのような状況にあるのだろうか。監査の現場では，従来と変わらずより高品質な監査を実践するためにどのようにしたらいいのかを真剣に議論し，また議論の結果を監査業務に反映させるために監査チーム全員が日々奮闘している。かつては，マネジメントによる取組みは，監査基準の改訂や不適切な会計・監査の事例を受けて，どちらかというと監査現場の作業量が増加させるものが多かったが，最近では，監査現場での奮闘を支えるためのマネジメントによる取組みが増えている。上述の「トーマツ監査イノベーション＆デリバリーセンター」の開設やITツールの活用もその例ではあるが，マネジメントの取組みと監査現場の歯車がより一層噛み合ってきているように筆者は監査現場で感じている。

第11章

太陽有限責任監査法人

左から，並木氏，柴谷氏

〈インタビュー〉

品質管理の責任者：並木 健治（品質管理部部長）
監査実施の責任者：柴谷 哲朗（パートナー）

聴き手：町田 祥弘（青山学院大学大学院・教授）

〈その後の変化・進捗について〉

執筆者：柴谷 哲朗

第Ⅱ部　「監査法人のガバナンス・コード」への対応を聴く

1．コード公表後の取組み

町田：「監査法人のガバナンス・コード」（以下，コード）の公表後，現在，太陽有限責任監査法人（以下，太陽）ではどのような取組みをしていますか。

並木：最初に，私どもの法人ではガバナンス・コードへの対応は法人の運営そのものであるという認識から，品質管理部ではなく，経営企画・人事等を所掌する業務管理部が主導しています。そのこと自体が特徴的と言えるかも知れません。本来は業務管理部の責任者からお話すべき内容が多いのではないかと思いますが，品質管理の責任者というご指名ですので私からお話しします。

　私どもは，何度か合併を経験して，いろいろな監査法人出身者の集合体となっています。だからこそ，組織のまとまりを重視して運営してきた経緯があります。準大手という言われ方もしますけれども，まだまだ大手とは大きな差があります。そうした中で，組織としての一体感が弱くバラバラな動きをしているようでは，ますます社会的にも認められないという感覚は持っています。

　組織の一体感は，末端までの伝達スピードでもあります。そうした点を重視して監査に取り組んできたと思います。

　また，私たちの法人は，監査に付随する業務は監査法人で基本的にやりますけれども，他のアドバイザリー業務については基本的にグループのアドバイザリー会社で行っています。「監査法人は監査に特化するべき」という考え方で動いている法人です。

　そうしますと，監査法人の組織作りが基本的には監査品質につながってきます。監査の現場の人たちに対して本部がどういうふうに支援していくか。それがきちんと行われているかをコードの枠組みを利用し，取り組もうと考えています。

　体制作りで取り組んでいることとしては，まず，監視と執行の分離を行っ

182

ていくこと。監査品質では，パートナーの意識改革に取り組んでいます。パートナーの行動規範が示され，評価にもつながります。

　また，働き方改革にも取組みます。監査をやっている人間が疲弊感を持ってやっていたのでは懐疑心も生まれないので，組織として環境を整えることも重要な監査品質のテーマです。

町田：それらの取組みは，コード以前からやっていたのですか。

並木：そうですね。部分的には取り組んでいました。外部有識者には2017年の５月くらいから順次入っていただいております。私どもの法人は監査業務に特化していますので，非常に公益性が高い業務を行っているという認識を持っています。ですので，公益性を担保するバランスを持った人ということで，日銀ＯＢの方と財務省ＯＢの方，２名にお願いしたと聞いています。

町田：監査に重点を置かれているとのことであれば，監査を受ける側の視点を入れるという意味で，顧客以外の上場企業の出身者を迎える案はなかったのですか。

並木：そこは検討中です。今回のお２人だけというわけではなくて，まず課題としているところでお２人を選任して，人数的にはもう数名増やすことも検討していると聞いています。

町田：先ほどのパートナーの意識改革というのは，具体的に何をされているのでしょうか。

並木：監査チームのパートナーとして主体的に現場をコントロールするという意識のことです。監査現場の責任者は，ついつい上がってきたものを処理する行動になりがちですが，上がってきたものだけではなく，全体をきちんと管理するのが役割だということを改めて認識しようとしています。

　具体的には，まず手始めに，パートナーの在り方を決める議論に，全パートナーが参加しました。今後は，具体的な評価として，どの点がきちっとできてどの点が欠けていたかということをパートナー同士で，相互評価する仕組みが考えられています。

第Ⅱ部 「監査法人のガバナンス・コード」への対応を聴く

２．透明性報告書の作成プロセス等

町田：透明性報告書については，どういう方針と作成プロセスで作成する予定ですか。

並木：透明性報告書は，2018年の秋に公表する予定です。2017年の７月１日から１期終わってから出すという形です。

　透明性報告書の主管部門も業務管理部ですが，中身が多岐にわたるので，品質管理部や監査業務推進部が担当する所もあります。

　2017年８月にはガバナンス・コードの採用状況や現在の取組み状況に関する資料として，「監査品質の向上への取組み（2017年度版）」を公表しました。そこでは，組織図や，執行機関，監視機関の中身がどのように運営されているかを含め，私どもの品質管理の取組みを示しております。

町田：まずは実務指針の遵守から，ということでしょうか。

並木：そうですね。

町田：次に公表予定の報告書の内容は変わるのでしょうか。また，タイトルはどうなるのでしょうか。

並木：内容はまだ決まっていませんが，「透明性報告書」という名称にすると思います。

３．コード公表後の現場の変化

町田：コードが入ったことで，監査の現場で何か変わることはありますか。どんな影響が，今の段階で，あるいは将来的にあるのでしょうか。

柴谷：正直なところ現状ではまだ変わっておりません。ただ，今後，品質管理やコードの適用状況を，被監査会社に説明する機会が間近に迫っています。そこで，「私たちの監査法人はどういうガバナンスを有していて，その中で私たちパートナーが，どう主体性を持って，どういうふうに監査に臨んでい

るのか」という，今まであまり語ったことがないことを，正面から被監査会社にお話しすることになります。この場面を想定するだけで，緊張感が生まれるはずです。「何を言えば良いのだろう」というパートナーもいるでしょうし，「こういうことを言いたい」というパートナーもいるでしょう。そういう緊張感を現場で感じているところです。

　私たちの法人は，大手監査法人とは違って，パートナーが57人ですから，一堂に会して意識改革の取組みを話すことができます。そこでの話を受けて，現場の会計士がどういうふうに感じ，咀嚼し，組織に浸透していくのかというところが楽しみでもあります。

町田：今般公表されたコードについては，「コードは監査の現場には大した影響はない」という受け止め方と，「監査の現場にも波及効果があるはず」というものとがあったようですが，太陽ではどのように受け止めておられますか。

柴谷：非常に有意義なものとして受け止めています。「現場が変わらない」というのはあってはいけないと思いますね。

　実は，東芝の事件が発覚した同時期に，私たちの法人では，公認会計士・監査審査会の検査を受けていました。検査を受けながら，いろいろな議論を全パートナーでし始めていたのです。その中で，コードが入ったらどうなるのだろうということも考えました。

　そのこともあって，監査の現場は，大いに変わるだろうと考えますし，それをうまく使って組織的な一体感を文化として根付かせていきたいという強い思いをパートナーたちも抱いていると思います。

町田：どれくらいのスパンで期待している効果を得られると思いますか。

柴谷：これからの1年間が非常に大きい効果が表れる年だろうなとは思っています。コードを適用したことによる全体効果の6割から7割くらいの効果をこの1年間で上げていきたいし，効果が実際に浸透していくことを期待しています。

第Ⅱ部　「監査法人のガバナンス・コード」への対応を聴く

4．監査規制の強化と現場の変化

町田：東芝事件とその後の監査規制の強化の取組みという流れの中で，監査の現場にはどのような変化がありましたか。

柴谷：東芝事件の前後で明確に違うのは，不正に対する重要な疑義があるときだけではなく，監査計画を立てるときに具体的な不正シナリオを想定し，それに対して直接的に効く監査手続を徹底的に議論して，それを品質管理部がレビューしています。これが大きな変化です。

町田：そうした取組みは，理想的かもしれませんが，監査の工数や時間が増えて，現場の負荷が高まるのではありませんか。

柴谷：当初は，高まりました。時が経つにつれ，ある程度慣れてきていますけれども，その当時は本当に大変でした。

太陽の規模は大手に比べればまだ小さい。何かあったら私たちは終わる，という危機意識は，非常に高いです。

もう1つの大きな変化は，会計上の見積りの分野で経営者がつくる事業計画の監査実務です。全体研修の度に，「私たちが投資家に対して社会的な役割を果たすのは，まさにこの事業計画の合理性の監査だ」ということが浸透してきています。

旧来の「事業計画は会社がつくるものだから受け入れざるを得ないものだ」という感覚から，「監査法人がきちんと監査をすることで会社の役に立つのだ」という感覚へ転換して，経営者の方々と事業計画についてディスカッションする機会が非常に増えました。

5．監査品質への取組みの特徴や強み

町田：最後になりますが，太陽における監査の品質への取組みについて，特徴的な点，「強み」と言える点を教えてください。

186

並木：私たちは，「監査現場への浸透」をキーワードにして取り組んでいます。監査の品質にかかわるすべての取組みが監査現場へ浸透することが大事だと考えています。

　品質管理というと，監査法人の品質管理部門が「きちんとやれ」と声高にいうわけです。多くの場合は検査やレビューで指摘を受けないための文書化強化が中心だったと思うのです。それを言われて現場では，一所懸命パソコンを睨んで，ツールとにらめっこして文書をつくる。しかし，それでは駄目だというのが，コードへつながったと認識しています。

　ですから，まず現場がやることを認識したうえで，品質管理部門はそれを支援する形を取っていこうと考えています。「本部で何か押し付ける」のではなく「現場みずから」という意識に転換して，それを「監査現場への浸透」というキーワードで表現しています。

　どんな組織でも，本部と現場は溝ができやすいですよね。監査の現場と品質管理部門の垣根のない関係性が重要だと考えています。

町田：コードにも，「自由闊達な議論」とか，「風通しの良い」という表現がありますね。

並木：その認識です。「監査現場への浸透」は，今の規模のうちにやらないとどんどん難しくなると思っています。今やらなければという危機感を品質管理部門も持っていますし，それを共有して取り組もうとしている点が強みだと認識しています。

町田：監査現場の側では，その点についてどう受け止めておられますか。

柴谷：やはり「危機感」を忘れてはならないと思います。

　太陽は中堅といっても総勢400人になっているのだから，コードを本気で適用しないともう後れを取ってしまうという時期に来ていると思います。

町田：今般のコードは，「大手上場企業等の監査を担い，多くの構成員からなる大手監査法人における組織的な運営の姿を念頭に策定されている」とされていますが，中堅の法人として，太陽がコードを受け入れていくことの意味をどうお考えですか。

187

第Ⅱ部 「監査法人のガバナンス・コード」への対応を聴く

並木：50人を超えたパートナーで運営し，すでに140社以上の上場会社を監査
　　　していることを考えますと，公益性の高い仕事である監査をやるためのパー
　　　トナーシップなのだから，コードの考え方はきちんと認識しなければいけな
　　　いと考えています。

その後の変化・進捗について

　2017年7月に当法人の「監査法人のガバナンス・コード」（以下，コード）への対応状況を説明する機会をいただいてから半年以上が経過した。以下に，その後約半年間の当法人の取組みについて説明することとしたい。

　まず，8月初旬に当法人のコードの採用状況や現在の取組み状況を対外的に説明する資料として「監査品質の向上への取組み」を公表した。この資料には，コードの枠組みに基づき，当法人の価値観，ガバナンスと組織図，法人全体としての品質管理体制や取組み方，メンバーファームとの連携の考え方等を記載している。当法人のパートナーは，この資料を被監査会社等に説明するため，当法人のガバナンスや組織，価値観などについて自らの言葉で説明するための準備を行った。この準備過程は，当法人のガバナンスや組織等に関し，パートナー一人ひとりが自分なりに咀嚼し，深く理解する良い機会となり，また，公益性の高い会計監査を行うための気構えを真剣に思考する機会となったことに大きな意味があったと考えられる。コードを適用することで，当法人がどのような体制を整備・運用するのかも重要であるが，結局は監査を行う者は，個々の監査人である。このコードを適用することで，当法人のパートナー全員が監査品質の向上について自主的に考える契機となったという意義はとても大きい。

　続いて2017年10月初旬に優成監査法人との合併に関する基本合意を締結するという大きな出来事があった。非常に短い期間でこの基本合意に至ったこと，また，2018年7月を目標に合併するということもあり，現在，両法人が大切にしてきた文化や価値観を融合し，大手4法人に続く，またそれと同時に大手4法人とは異なる新しい価値観を有する監査法人をつくりあげることを目指すための準備を急いでいる。合併のための準備の中でも，両法人がガバナンス・コードの適用のために整理してきた様々な監査品質の向上への取組みが非常に役に立っている。これまで独自に考えてきた監査品質の向上のための方針や施策を振り返り，合併後，どのような価値観を重視し，さらに伸ばしていくべきか，

第Ⅱ部 「監査法人のガバナンス・コード」への対応を聴く

あるいは，何を捨て去るべきかを考えるうえで，コードの適用を積極的に進めてきた意味合いの大きさを実感している。

ところで，当法人でも政府が進める「働き方改革」を着実に進めるべく努力をしている。特に「労働生産性向上」，「長時間労働の是正」，「柔軟な働き方がしやすい環境整備」，「女性・若者が活躍しやすい環境整備」は，当法人が解決すべき課題として認識している。これらの「働き方改革」を進めるうえでもコードへの対応は非常に役立っている。

当法人では，監査品質の向上の観点から"監査法人の組織・文化"，"人材の育成・高度化のための人事管理や人材配置"，"教育・評価制度"等の見直しに継続的に取り組んできており，その中でも，"人材の育成・高度化のための人事管理や人材配置"については，監査職員が日々の監査業務の中で，不正等を想起させる僅かな異常点も見逃すまいとする好奇心や探求心の維持・向上に直結する重要なテーマとして位置付けてきた。

異常点を見逃すまいとする監査職員の心持ちの維持・向上を促進するには，監査職員が自発的に成長しようとする意欲を持てる活性化した組織を整備することが重要であり，そのためには，労働生産性向上や長時間労働の是正，柔軟な働き方ができる環境整備は必須の前提条件と考えられる。今後も，コードの考え方に沿った監査品質の向上と働き方改革とを一体化して捉え，人事管理や人材配置，監査チームにおけるパートナーのリーダーシップの強化策など施策を継続・強化してゆく方針としている。

このほかにもコードの考え方に沿って進めている施策は多い。たとえば，メンバーファームとの関係や組織の在り方についてもグループ監査の品質向上の観点からゼロベースで検討を行った。これまでも，監査基準の要求事項やメンバーシップ間のルールに沿って当法人のグループ監査の品質について検討してきたが，当法人の監査チームによる海外メンバーファームの監査チームに対するガバナンス強化の観点から，当法人のあるべき組織や海外監査のサポート体制を刷新した。現在，具体的な動きを始めたばかりであるが，今後も当法人の被監査会社の海外進出や海外子会社へのガバナンスの強化はますますその重要

190

性を増していくはずであり，非常に大きなテーマとなる。

　以上，この約半年間の当法人の取組みについて説明をしてきたが，もう1つ，説明したい事項がある。当法人の監督・評価機関である経営評議会の構成員として選任した独立性を有する第三者の知見の活用の状況である。当法人では，コードの適用を始めてから，監査品質の向上への取組み状況について，定期的に監督・評価機関へ説明を行い，同時に独立性を有する外部識者から意見を受けている。

　独立性を有する外部識者へわかりやすく監査品質の向上への取組みを説明するための準備を行うこと，また，今まで思いもしなかった観点からのフィードバックや，必ずしも耳あたりの良くないことも含めて忌憚のない意見を受けることは，透明性を確保した運営を行う上で非常に大きな意味があると考えられる。

　2018年秋ごろ，コードの適用に関する一年間の取組みとその結果を取りまとめ，これを「透明性報告書」として発行する予定である。「透明性報告書」には，上記の「監査品質の向上への取組み」の記載をベースに監査品質の指標（AQI）等を書き加え，当法人の監査品質向上への取組みについて説明したいと考えている。毎年，「透明性報告書」を作成し，公表することの意味は非常に大きい。すべてのパートナーが，毎年，「透明性報告書」を手に取り，品質管理の向上への取組み状況を対外的に説明する機会を持つことで，監査品質について真剣に考えることができる。今後も社会的に求められる監査の役割の変化を敏感に感じ取りながら監査品質の向上に取り組んでいきたい。

第12章

新創監査法人

左から,相川氏,柳澤氏

〈インタビュー〉

品質管理の責任者:柳澤 義一(統括代表社員)
監査実施の責任者:相川 高志(代表社員)

聴き手:町田 祥弘(青山学院大学大学院・教授)

〈その後の変化・進捗について〉

執筆者:相川 高志

第Ⅱ部 「監査法人のガバナンス・コード」への対応を聴く

1．コードを採用しない理由

町田：2017年3月に「監査法人のガバナンス・コード」（以下，コード）が公表されました。7月6日現在，金融庁のホームページによりますと，13の監査法人が適用を表明していますが，新創監査法人（以下，新創）はそこには含まれておりません。そこで，新創がコードを適用しない理由についてお聞かせいただけますか。

相川：コードは社員が数百人，またスタッフも数千人規模という大規模監査法人を想定したものであると理解しています。数千人規模の監査法人と数十人の監査法人を比較した場合，それぞれ在るべき経営体制というのは大きく異なると考えています。

　新創は，現在パートナーが9名で，総勢50名という規模ですので，いわゆる公認会計士法が想定している無限連帯責任によるパートナーシップ，それが実現できていると考えているので，コードの採用は必要ないと判断しました。我々の規模ですと，内部はもちろん，クライアントに対しても十分に目が届きます。この特徴を生かして我々に合った最適な経営体制をとっていますので，コードの適用はなくとも，十分に質の高い監査を行う体制ができていると考えています。

町田：現在コードを適用している監査法人には中小法人もあります。確かにコードを適用しなくとも質の高い監査は実現できるかもしれませんが，適用を表明した方がたとえば，現在の被監査会社や，これから新創に依頼をしようという方々にはわかりやすいという側面もあるかもしれませんよね。適用対象として想定されているのは大規模監査法人かもしれませんが，コードの理念に違和感などがないならば適用してもよかったのではないですか。

相川：コードの趣旨からすれば我々のような監査法人はむしろ適用すべきではないと考えております。ただし，我々はコードを適用してはおりませんが，対外的なわかりやすさという観点では，ホームページに，「ガバナンスに関

194

する取組み」という形で掲載しております。これは，基本的にはコードに沿った内容で我々がどういったガバナンス体制かという点を説明しているものです。新規のクライアントを含め，我々のガバナンス体制や，監査法人としての特徴を丁寧に説明しております。

2．監査品質に関する取組み

町田：ホームページの説明は私も拝見しました。新創監査法人の取組みがコードに照応している形で公表されていますね。そこで改めておうかがいしたいのですが，新創では監査の品質について，いかなる方針や手続で取り組んでおられますか。

相川：監査の品質について大切なのは，個々人が職業専門家としての自覚をしっかり持って監査をすることだと思います。また，各クライアントに応じたきめ細かい監査を組織的に実施していくこと，この２点が特に重要だと考えております。これを実現するためには，パートナーとその他の構成員が円滑なコミュニケーションを図り，職業専門家としての自覚をしっかり持つことが大事だと考えています。

具体的には，我々は９名のパートナーが必ず担当を持っていまして，たとえば国際，IFRS，品質管理といった担当を持っているのですが，監査法人としての運営にあたっては，各担当の専決ではなく，必ず多くのパートナーやスタッフが議論に加わって，議論を尽くしたうえで決めていくという体制をとっております。その９名のパートナーを中心に，マネジャーやそのほかのスタッフも積極的に議論に加わってもらい，みんなで決めようというスタンスです。

監査の品質に関しても，監査のマニュアルは私が中心になってつくっておりますが，各スタッフが漫然と使用するのではなく，改善点についてみんなで議論をしたうえでより良いものに変えていこうという形で運用しているのが，我々の品質に関する取組みの１つの形です。

第Ⅱ部 「監査法人のガバナンス・コード」への対応を聴く

町田：今うかがった取組みの内容や結果を記載した文書を公表するとか，コードにいう「透明性報告書」として作成するといったことは考えておられますか。

相川：現段階では考えておりませんが，他の監査法人の透明性報告書は研究したいと思います。世の中の動向も見ながら，適切に対応していきたいと思います。

3．コードで監査の現場は変わるか

町田：新創として，あるいは日本の監査法人全体を考えたときに，監査の現場で，コードによって何か明確に変わることはあるのでしょうか。

柳澤：まず，新創に限っていえば，変わることはなく，むしろ，変わることは変だと思っています。これまで適正規模を維持しながら，自分たちなりの特徴ある品質管理というものを行ってきました。高い水準での品質の確保についてはプライドがありますから，コードが入ったから現場が変わるというのは本末転倒だと考えています。わが国全体を考えたときも同じことで，コードがきっかけでガラリと変わるようでは今までは何だったのかということになります。

　一方で，監査法人全体がひとつになって監査に取り組むという自覚をトップが持つことには意味があると思います。そのように監査法人の風土や，監査に対する目線を変えていくことは，コードの導入のメリットだと思います。反面，コードが1つのルールのようになってしまい，法人全体がそのルールに則って動けばいいんだということで，現場の個々人の会計士が考えることがますます減っていってしまうことにならないか，という懸念もあります。

町田：コードが出た当日，公認会計士・監査審査会（CPAAOB）が「監査法人のガバナンス・コードの公表を受けて」というものを公表して，「これからの検査に活用していく」という姿勢を示しました。この点については，いかがですか。

196

柳澤：その点については違和感があります。あえて規則化，ルール化しないでコードというソフトローとし，コンプライ・オア・エクスプレインという原則にした趣旨が，あれによって結局は従えということかなと感じられ，少し残念に思いました。

　たとえば，コード公表後1年経過したあたりで，その運用結果を見たうえでCPAAOBが「検査に活かす」ということだったら理解できますが，コードの公表と同じタイミングでこのようなコメントを発するというのはどうなのでしょう。コードは，ある種のマナーだとも思うのですが，結局，コードが，事実上の従うべき新たな規則になってしまうようですと非常に残念です。

4．監査規制の強化と現場の変化

町田：東芝事件等を受けて，最近，監査規制の強化という流れがあると思いますが，監査の現場での対応には何か変わった点はありますか。新創の場合と，監査業界全体を俯瞰した場合の両方の見解をおうかがいします。

柳澤：新創に関しては，変わっていないと思います。法人として，積極的に営業をかけてクライアントを増やすようなこともしておりませんからね。あくまでも信頼できる関係におけるクライアントだけを大事に，大切に守っていくというのがポリシーですから。

　ただ，業界全体としては，監査現場は確実に変わってきています。私も逆に，監査役として大手法人の監査を受ける立場も経験していますので。

町田：監査役の立場からはいかがですか。

柳澤：明らかに監査法人からの説明の量が増えましたよね。ただ，その説明が残念ながら杓子定規だったりして，経営者からすると「そんなことをいくら言われても，うちには関係ないですよ」という雰囲気が醸し出されたりもします。現場で判断できず，品質管理の本部に判断を委ねるケースも多いですしね。クライアント対応が，やけに形式的で，監査現場が少し浮き足立っている感はあります。

第Ⅱ部 「監査法人のガバナンス・コード」への対応を聴く

町田：説明が増えたというのは「監査報告書の透明化」に向けての準備等もあるような気がするのですが，それとは違いますか。

柳澤：確かに説明しようという姿勢はうかがえますが，まだまだ形式的ですね。今後，たとえば，KAM（監査上の主要な検討事項）が導入されればいっそうの信頼関係が必要となり，お互いの距離感というものを良い意味で縮めていかなきゃいけないと思うのですね。人となりを見ないで，形式論で，ルールだけの説明が多い点は残念に思いますね。

町田：距離感といいますと，よく指摘される点として，監査の現場と品質管理部門との関係の問題がありますね。判断事項は一切が品質管理マターで，現場では一切判断できない，または現場の人間は被監査会社に説明できる「言葉」を持たない。これは今の監査の大きな問題のような気がするのですけれども，そうした点について，いかなる改善策があるとお考えですか。

柳澤：国際標準の実務指針に従う今の監査制度の中では難しいですね。ひとつ言えることは，監査法人が肥大化しすぎているということです。現場で完結することが法の求めている公認会計士制度だと私は思いますし，まさに一身専属性を持っている我々としては，現場の判断が最終結論でなきゃいけないはずなので，それをモニタリングするのがある種，審査であり，品管だと私は思っています。

5．監査品質への取組みの特徴や強み

町田：最後になりますが，新創における監査の品質への取組みについて，特徴的な点，「強み」と言える点を教えてください。

相川：我々の特徴としては，パートナーが積極的に現場に出て，一定の距離で業務を行っていること，これが最大の特徴であり，強みになっていると思っています。なぜそれが強みになるかと申しますと，現場にパートナーが常駐することによって，その現場のコントロールはもちろん，クライアントとのコミュニケーションも十分に図れることになりますし，様々な相談事項や問

題点もいち早く検討できます。それが我々の強みであるとともに，質の高い監査業務の実施にもつながっていると考えております。

町田：被監査会社と監査法人との距離がとても近いということですか。

相川：そうですね。この規模ですので組織自体がフラットに近いですし，クライアントとの距離も近い。そのため先ほどの話題のように，だんだん現場とクライアントとの距離が遠くなって判断も遅くなるというようなことはありません。現場に近いことで，より正確に，より迅速に意思決定もできます。この適切な近さが我々の最大の強みになっているのではないかと考えています。

町田：柳澤先生にもおうかがいします。監査の現場で被監査会社と直接対峙する立場でのご意見をうかがいたいのですけれども，新創における監査の品質の特徴や強みは何ですか。

柳澤：監査の現場に関しては，クライアントとのコミュニケーションの前に，まず，クライアントの選別ですよね。新創とマッチングするクライアントをきちんと選別する目だと思います。

町田：それは，被監査会社の規模や業容だけではなく，依頼の引き受けにあたって選別をするということでしょうか。

柳澤：規模や業容だけではなく，社長の方針や姿勢，我々との距離感も含めてです。ですから，うちの監査現場は経営者ときわめて近いです。一部上場企業の社長が監査現場に来るところもありますよ。社長と監査現場が近く，そのような体制がとれるクライアントをちゃんと目利きして契約するというところが1つの強みですし，もうちょっと広い視点から言えば，そこは大規模監査法人との1つの棲み分け論かもしれません。新創の目線に合った企業にきちんとコミットしていくことが我々の特徴だと思います。

第Ⅱ部 「監査法人のガバナンス・コード」への対応を聴く

●●● その後の変化・進捗について

　インタビューを受けた当初は，我々のような中小規模の監査法人は，「監査法人のガバナンス・コード」（以下，コード）が想定している大規模監査法人ではないので，わざわざコードという形で適用する必要はなく，また，現状においてもそれなりに十分な品質の監査を実施できているという自負もあったことから，コードの適用ならびに透明性報告書の公表を行う必要はないと考えていた。そのため，インタビューの中でも，当監査法人は，元々公認会計士法が想定している無限連帯責任によるパートナーシップによるガバナンスに基づいており，そのためむしろガバナンス・コードは適用すべきでないと考えていると申し上げた。

　ただし，その後，多少予想はしていたが，「コードありき」の議論や風潮が多くなり，現時点においてコードに対する関係者の理解がどの程度なのかまだ不明ではあるが，コードを採用している監査法人の質は高く，そうでない監査法人は質が高くないといった誤った認識を持たれることを一方では危惧している。

　そもそも，コードの内容は，法人の規模にかかわらず，当然遵守すべき内容が多く含まれていると認識している。そのため当監査法人は，現状において，コードの適用はしない方針であることに変わりはないが，当監査法人のガバナンスについて透明性報告書という形で外部に公表することを考えている。これらについては法人内にPTを立ち上げて作成の準備をしているところである。当監査法人の特徴について，外部に対してわかりやすく説明することで，当監査法人の実態を正しく理解していただけるものと期待している。

　なお，すでに当監査法人のホームページや日本公認会計士協会のサイトの中の「監査法人における実効的な組織運営に関する取組の一覧」において，「ガバナンスに関する取組み」という形で我々がどういったガバナンス体制をとっているかを説明している。これらは基本的にはコードに沿った形での説明とな

っているが，やや総括的，概括的な記載にとどまっているので，透明性報告書においてはより踏み込んだ，わかりやすい形での作成を考えている。

たとえば，中堅・中小監査法人と大規模監査法人の属性の違いであるとか，また，最近の変化の1つとして，ITの活用があるが，より一層のITを活用した監査の実施について，現状と今後積極的に取り組んでいかなくてはならない課題として説明したいと考えている。また，重要なテーマである人材育成への具体的な取組みなども我々のような人数規模においてはどのような形で行っているのか，むしろ少人数だからこそ中身の濃い人材育成ができるのでは，ということもわかりやすく記載したい。

昨今の動向を踏まえると中堅・中小監査事務所においてこそ，透明性報告書を公表することは大きなメリットもあると考えている。

ひとつには，中堅・中小監査事務所が透明性報告書を公表することにより，資本市場関係者が大規模監査法人のみならず，中堅・中小監査法人に関心を持ってもらえるようになることであろう。監査法人としての規模の大小やガバナンス・コードの採用の有無にかかわらず，監査の品質のさらなる向上と，より実効性のある監査実施のための体制作りを行っているという点では同じである。また監査現場においても，従来よりも，より職業的懐疑心を発揮して監査を実施していることも同様である。一方では，各監査法人それぞれに強み・個性がある。よく聞かれるのは，「監査なんてどこの法人に依頼しても同じだろう」，「監査法人はレスポンスが遅く，また杓子定規のことしか言わない」などの被監査会社の声である。これに対しても，実際は監査法人により，また監査チームにより異なるのであり，それぞれに強みや特徴，個性，トップの考え方などがある。中堅・中小監査法人であればこそ透明性報告書にそれらのことをより明確に記載できるのではないかと思っている。

またその他のメリットとして，透明性報告書を通じて関与先の経営層との対話の向上が挙げられる。当監査法人は従来から経営層との対話を重視している。当監査法人はトップから新人までわりとフラットな組織であり，組織全体で関与先に対する監査業務に取り組んでいる。そのことも影響していると思うが，

第Ⅱ部 「監査法人のガバナンス・コード」への対応を聴く

経営者との対話においては，形式張ったディスカッションではなく，本音ベースでの話し合いを心がけている。中小規模の法人であれば，透明性報告書に記載される当監査法人としての取組み・特徴は，イコールその監査現場のこととして，よりダイレクトに反映される。よって，経営者は，透明性報告書に記載されていることが，自社の監査チームのこととして関心を持ち，より一層の深いコミュニケーションが図れるのではないかと考えている。

今回のコードの公表は，実は当初，我々にはあまり関係しないことと捉えていたが，実際は監査法人のガバナンスを自問自答する良い機会となった。かつ，新しい関与先を積極的に開拓していくという方針を取っていない当法人の方針からは，当初は外部への説明を積極的に行うということは想定していなかったが，やはり透明性報告書を通じて外部への説明をしていくことの有用性を感じている姿勢に転じたことも大きな変化である。

そして，公表することが目的化しないようにしたい。常に創意工夫し，現場が変化することが，監査を行うスタッフの向上心につながり，監査品質のより一層の向上が図られると思っている。多くの中堅・中小監査法人においてこのような取組みがなされることにより，監査制度全体の信頼性の向上につながることを願ってやまない。

終章

監査の現場からの声に応えて

本書では，第Ⅰ部において，監査実務家の執筆による，「監査現場から見た監査品質の課題」と監査研究者からの「ディスカッション」，また，第Ⅱ部においては，各監査法人の品質管理担当者と監査実施の責任者に対するインタビューによって，「監査法人ガバナンス・コードへの対応」を取り上げてきた。

　このうち，第Ⅰ部の総括については，各章における論稿とディスカッションの内容に委ねたい。まさに監査品質に対する6者6様の現場からの声が寄せられたと思われる。何より，いずれも監査品質について，監査現場において切実に考え，いかにして自らの立場で監査品質を向上する方法を模索している姿が見て取れるのではなかろうか。

　他方，第Ⅱ部については，一連のインタビューから指摘できる点をここで整理しておきたい。

　まず，インタビューは，四大監査法人，中堅監査法人，および以前より監査法人のガバナンス・コードを採用しないと表明していた中小規模の監査法人の計6法人について，各監査法人において，コードやコードに規定されている透明性報告書を担当する品質管理の責任者の方と，おおむね監査現場において実際に監査業務の実施にあたっている監査実施の責任者の方にお話をうかがった。とくに，後者の方々については，コードおよび最近の監査規制の動向が，監査の現場にいかなる影響を及ぼしているのかについてうかがいたいと考えたからである。

　それぞれのインタビュー内容については，紙幅の関係で，収録しきれなかった部分もあるが，インタビューを通じて，非常に興味深いお話をうかがうことができたものと考えている。

　インタビューを通じて，気づいた点や印象的だった点を，順不同で列挙すれば，以下のとおりである。

1）各監査法人の監査品質に対する取組みや，その背景となる監査品質に関する認識には，事前に予想したよりもかなり多様なものがあった。

監査の現場からの声に応えて **終 章**

　それらは優劣をつけられるものではないし，各監査法人の文化や組成の経緯等にも密接に関連しているものであることから，各監査法人の「個性」とも呼べるものなのかもしれない。そのことは，同様に，各監査法人において何を自らの法人の「強み」と考えているかにも色濃く反映されている。

2）いずれの監査法人においても，コードの公表を自らの組織や運営を見直すための契機として，前向きにとらえていた。

　もちろん，雑誌での掲載が予定されているインタビューであることは割り引く必要があるが，コードの公表を受けて，改革に乗り出そうとしている各法人の共通の認識としては，近年の監査法人の規模の拡大に伴って，「組織としての一体感」が失われていることに対する危機感があるように見受けられた。

3）各監査法人の取組みに関しては，3つの共通点を抽出できるように思われる。すなわち，①品質管理を監査現場に近いところに位置付ける組織変更，②監査法人の人材育成や組織文化の醸成への取組みの重視，③最近の監査規制を受けて監査の現場が大きく変わったという認識の3つである。

　とくに①については，従来，監査法人の奥の院のような位置づけになっていた品質管理部門を監査チームに近い位置に置き，監査チームと一体となって懸案事項にあたる品質管理体制を構築しようとしたり，監査法人によっては「攻めの品質管理」と称したりするような，被監査会社とのコミュニケーションを重視した品質管理を標榜していることが特徴的であった。また，こうした取組みを以前からしていたという監査法人もあれば，コードや最近の監査規制を受けて，今，まさに取組みを開始したという監査法人もあった。

　近時の粉飾決算事件に限らず，さまざまな会計不正とそれにともなう監査の失敗を経て，監査にあたる各監査法人や個々の会計プロフェッション

は，監査の在り方を見直してきた。今般も，多大な労力をかけて，監査法人の組織や運営の見直しを進めているのである。その取組みはいずれも真摯なもので，課題に取り組み，公共の利益に資するという使命を果たそうと一所懸命であった。その一部でも，本書の記述を通じて紹介できたのであれば幸いである。

　今後，監査法人のガバナンス・コードの採用によって，あるいは，自主的な「実効的な組織運営に関する取組」によって，監査法人の組織や運営の改革が進み，透明性報告書等の内容も，徐々に変わっていくものと思われる。それらについても，跡付けて分析していくことが，筆者たち学者の役割の一つであると考えている。

　最後に，監査現場において，高度な倫理観を基礎として，プロフェッションとしての高度な知識と経験に基づく専門的能力を駆使し，職業的懐疑心を働かせようとしている多くの監査実務家の方々に対して，ならびに，彼ら／彼女たちが自己の信念と良心のみに基づいて，十全に専門的能力を発揮し，独立不羈の立場から公共の利益に資する役割を果たすことができるように，日々後方から支援を図る監査法人の品質管理部門等の担当者の方々に対して，最大限のエールを送りたい。

索　引

英　数

AQI ································ 2, 154, 191
Audit Analytics ························ 177
ISO ····································· 40
ISO9001品質マネジメントシステム ······· 42
KAM ······························· 94, 198
Legend Clause ························· 56
PCAOB ································· 60
public interest ·························· 7
SECによる処分事案 ··············· 19, 29
Transparency Report ················ 136
2003(平成15)年改正公認会計士法 ········ 60
4つのディフェンスライン ··········· 139, 141

あ

営業債権の残高確認 ·················· 21

か

会計監査の在り方に関する懇談会 ········· 3
会計上の見積りに関する内部統制の整備
······································· 99
会計上の見積りの監査 ················· 22
外部有識者 ··························· 183
開放的な組織文化 ···················· 141
風通しの良い組織 ···················· 139
ガバナンス機関 ······················ 170
監査規制の強化
················· 138, 149, 161, 173, 186, 197

監査現場への浸透 ···················· 187
監査証拠の入手 ················· 19, 22, 24

監査上の主要な検討事項(KAM) ····· 94, 198
監査責任者に対する満足度 ············· 44
監査に関する品質管理基準 ············· 34
監査人(公認会計士)の経験・能力の
　不足 ····························· 25, 32
監査人と監査役等との連携強化 ········· 63
監査人に対する情報提供体制の強化 ······ 98
監査人の「性能」 ····················· 48
監査の指導・助言機能 ················· 35
監査品質 ···················· 2, 34, 37, 49
監査品質の代理変数 ···················· 2
監査品質に関する報告書 ······ 146, 171, 176
監査品質の向上への取組み ············· 184
監査品質の指標(AQI) ············· 2, 64, 191
監査品質の報告書 ···················· 152
監査品質の枠組み ····················· 35
監査報酬の決定権が経営者にあること
································· 27, 32
監査法人における実効的な組織運営に関
　する取組の一覧 ······················ 6
監査法人のガバナンス・コード
························· 3, 15, 119, 122
監査役等とのコミュニケーション ········ 137
監査役等による監査人の評価および監査
　人への期待の明確化 ················· 66
監査役等の独立性，専門性，多様性の
　確保 ······························· 65

207

金融庁による処分事案 ……… 29	人財会議 ……… 146
クラリティ版のISA ……… 57	スチュワードシップ・コード ……… 120
	スピークアップ ……… 151
経営監視委員会 ……… 135	
現場と一体となった品質管理 ……… 150	説明力 ……… 45
	攻めの品質管理 ……… 175
公益監視委員会 ……… 134	
公益監督委員会 ……… 146	組織風土の改革 ……… 171
公開会社会計監督委員会(PCAOB) ……… 60	
公共の利益(public interest) ……… 7	**た**
公認会計士・監査審査会 ……… 196	
公認会計士等に対する懲戒処分 ……… 17	チーフオーディター ……… 150
高品質な監査 ……… 114	チーム内での情報共有・連携 ……… 21
コードを採用しない理由 ……… 194	
コーポレートガバナンス・コード ……… 120	伝える力 ……… 48
国際標準化機構(ISO) ……… 40	
	「提言―会計監査の信頼性確保の
さ	ために―」 ……… 4, 61
	ディスクロージャーによる規律と対話
在外子会社に対する内部監査の強化 ……… 97	……… 127
財務諸表監査の経済的機能 ……… 126	ディスクロージャーによる規律の効果と
	必要な条件 ……… 115
指示と監督および監査調書の査閲 ……… 22	適正な財務報告スケジュールの設定 ……… 67
実証手続きの立案および実施 ……… 22	
自発的開示 ……… 127	投資家等との対話 ……… 154
資本市場の参加者等との意見交換 ……… 143	透明性報告書 ……… 3, 191
自由闊達な議論 ……… 187	透明性報告書の作成プロセス
十分かつ適切な監査証拠 ……… 29	……… 136, 147, 160, 171, 184
主体的関与 ……… 5	独立非業務執行役員 ……… 176
職業的懐疑心の発揮 ……… 20, 22, 24	
職業的専門家としての懐疑心 ……… 29	**な**
職業的専門家としての正当な注意	
……… 20, 22, 24, 29	内部監査の強化 ……… 95
新ガバナンス体制への移行 ……… 141	内部監査部門の充実 ……… 62

索　引

は

働き方改革 ……………………… 142, 190

品質管理基準 …………………………… 40
品質管理本部と人事部の体制強化 ……… 152
品質管理レビュー ……………………… 22
品質尺度 ………………………………… 38

不正な財務報告及び監査の過程における
　被監査会社との意見の相違に関する実
　態調査報告書 ……………………… 14, 24

不正リスク対応基準 ……………………… 15

ボード …………………………………… 170

や

優成監査法人との合併 …………………… 189

ら

レジェンド問題（Legend Clause）………… 56

【執筆者紹介】（五十音順）

相川　高志　［第12章（その後の変化・進捗について）］
　新創監査法人 代表社員

會田　将之　［第4章，第9章（その後の変化・進捗について）］
　新日本有限責任監査法人 シニアパートナー

井野　貴章　［第6章，第8章（その後の変化・進捗について）］
　PwCあらた有限責任監査法人　常務執行役

柴谷　哲朗　［第5章，第11章（その後の変化・進捗について）］
　太陽有限責任監査法人 パートナー

永山　晴子　［第1章，第10章（その後の変化・進捗について）］
　有限責任監査法人トーマツ パートナー

那須　伸裕　［第2章］
　PwCあらた有限責任監査法人 パートナー

林　　隆敏　［第1章および6章のディスカッション］
　関西学院大学商学部長・教授

〈代表〉**町田　祥弘**　［序章，第2章および3章のディスカッション，終章］
　青山学院大学大学院会計プロフェッション研究科 教授

松本　祥尚　［第4章および5章のディスカッション］
　関西大学大学院会計研究科 教授

和久　友子　［第3章，第7章（その後の変化・進捗について）］
　有限責任あずさ監査法人 パートナー

日本監査研究学会課題別研究部会「監査の品質に関する研究会」メンバー　（50音順）

會田　将之	（新日本有限責任監査法人）
浅野　信博	（大阪市立大学大学院経営学研究科）
井野　貴章	（PwCあらた有限責任監査法人）
小澤　義昭	（桃山学院大学経営学部）
佐久間義浩	（東北学院大学経営学部）
柴谷　哲朗	（太陽有限責任監査法人）
髙田　知実	（神戸大学大学院経営学研究科）
田村　威文	（中央大学経済学部）
永山　晴子	（有限責任監査法人トーマツ）
那須　伸裕	（PwCあらた有限責任監査法人）
林　　隆敏	（関西学院大学商学部）
町田　祥弘	（青山学院大学大学院会計プロフェッション研究科）　※部会長
松本　祥尚	（関西大学大学院会計研究科）
宮本　京子	（関西大学商学部）
和久　友子	（有限責任あずさ監査法人）

平成30年6月30日	初版発行	
平成30年10月25日	初版2刷発行	略称：監査現場品質

監査の現場からの声
──監査品質を高めるために──

編　者　Ⓒ 監査の品質に関する研究会

発行者　中　島　治　久

発行所　**同文舘出版株式会社**

東京都千代田区神田神保町1-41　　　　　　　〒101-0051
電話　営業(03)3294-1801　　　　　　　　　編集(03)3294-1803
振替 00100-8-42935　　　　　　　　　　　http://www.dobunkan.co.jp

Printed in Japan 2018　　　　　　　　　　　　　製版：一企画
印刷・製本：三美印刷

ISBN978-4-495-20781-6

|JCOPY| 〈出版者著作権管理機構 委託出版物〉
本書の無断複製は著作権法上での例外を除き禁じられています。複製される
場合は，そのつど事前に，出版者著作権管理機構（電話 03-3513-6969，FAX
03-3513-6979，e-mail: info@jcopy.or.jp）の許諾を得てください。

関連書籍

監査品質の指標 (AQI)

町田　祥弘 編著

A5判・336頁
定価　（本体3,400円＋税）

公認会計士の将来像

那須伸裕＋松本祥尚＋町田祥弘 著

A5判・288頁
定価　（本体3,300円＋税）

同文舘出版株式会社